종교에
매이지 않은
그리스도인

How to Be a Christian Without Being Religious
Written by Fritz Ridenour
Illustrated by Curt Dawson

Copyright © 2002 Fritz Ridenour
Originally published by Bethany House Publishers, a division of Baker Publishing Group
Grand Rapids, Michigan, USA.
All rights reserved.

Previously published by Regal Books, a ministry of Gospel Light.

Korean edition published by Word of Life Press, Seoul, 1972, 1986, 1993, 2003 and 2024.
Translated and published by permission.
Printed in Korea.

종교에 매이지 않은 그리스도인 (개정판)

ⓒ 생명의말씀사 1972, 1986, 1993, 2003, 2024

1972년 1월 15일 1판 1쇄 발행
1985년 4월 25일 10쇄 발행
1986년 11월 20일 2판 1쇄 발행
1992년 1월 15일 8쇄 발행
1993년 1월 30일 3판 1쇄 발행
2002년 12월 25일 16쇄 발행
2003년 8월 16일 4판 1쇄 발행
2023년 2월 15일 12쇄 발행
2024년 2월 28일 5판 1쇄 발행

펴낸이 | 김창영
펴낸곳 | 생명의말씀사

등록 | 1962. 1. 10. No.300-1962-1
주소 | 서울시 종로구 경희궁1길 6 (03176)
전화 | 02)738-6555(본사) · 02)3159-7979(영업)
팩스 | 02)739-3824(본사) · 080-022-8585(영업)

기획편집 | 박경순, 유하은
디자인 | 조현진
인쇄 | 예원프린팅
제본 | 다온바인텍

ISBN 978-89-04-16870-5 (03230)

저작권자의 허락 없이 이 책의 일부 또는 전체를
무단 복제, 전재, 발췌하면 저작권법에 의해 처벌을 받습니다.

종교에 매이지 않은 그리스도인

당신은 종교인인가, 그리스도인인가?

프리츠 리더나워 지음
권명지 옮김

생명의말씀사

당신은 종교적인가?
때때로 '교회'라는 게임에 걸려든 것처럼 느껴지는가?
이 책이 종교가 실패한 이유를 밝히고
종교에 매이지 않은 그리스도인이 되는 방법을 알려 줄 것이다.

How to be a Christian
Without
being Religious

	서문	8
	서론 그리스도인은 종교적이어야 하지 않는가?	12
1장	당신의 믿음은 죽었는가, 살았는가?	18
2장	하나님은 상대 평가로 점수를 매기시는가?	28
3장	그리스도인은 가석방된 것일까, 완전히 사면받은 것일까?	42
4장	당신의 믿음은 단지 '화재 보험'용인가?	54
5장	당신은 누구의 종인가?	64
6장	성령님 vs. 나 자신 어떻게 내면의 전쟁에서 승리하는가?	75
7장	어떻게 모든 것이 합력하여 선을 이루는가?	89
8장	누가 하나님의 마음을 알 수 있을까?	98
9장	이것은 하나님의 뜻인가?	111
10장	당신의 기독교는 위조된 사랑인가?	125
11장	당신에게 필요한 유일한 법	133
12장	그리스도인들이 너무나 잘하는 게임	143
13장	당신은 디딤돌인가, 아니면 걸림돌인가?	155
14장	당신의 공동체는 분열하는가, 연합하는가?	166
	결론 절대 뒤돌아보지 말라	178
	주	188

서문

이 책이 처음 출간된 1960년대 후반은 그야말로 격동과 저항의 시대였다. 당시 사람들은 마약과 '새로운 도덕'에서 자유를 찾으려고 했다. 종교적인 율법과 교회교(churchianity, 특정 교회의 관습이나 이익에 대한 극단적인 집착-역주)에 질릴 대로 질려 버린 세대가 던지는 영적 질문에 과연 성경은 납득할 만한 답변을 제시할 수 있을까?

나는 로마서를 연구하면서 사도 바울이 그 해답을 가지고 있음을 깨달았다. 단지 바울이 로마에 보낸 그 편지의 요점을 잘 이해하도록 도와줄 주석이 달린 쉬운 번역본만 있으면 충분했다. 요점은, 그리스도인이 되는 것은 율법과 규칙을 잘 지키는 게 아니라는 것이다. 다시 말해 기독교는 우리의 헛된 노력으로 하나님을 찾거나 그분을 기쁘시게 하는 '종교적'인 행위에 관한 것이 아니다. 그리스도인이 되는 것은 하나님께서 놀라운 은혜로 친히 내려오셔서 **우리를 찾으셨다**는 사실을 영혼의 깊은 곳에서부터 아는 것이다. 우리가 할 일은 그저 우리의 삶을 걸고 그분을 신뢰하는 것뿐이다.

조지아나 워커(Georgiana Walker)의 귀한 편집과 원작 만화가인 조이스 팀센(Joyce Thimsen)의 예술적 재능이 더해져 『종교에 매이지 않은 그리스도인』이 탄생했다. 하나님께서 상상 이상으로 이 책을 축복하셔서, 남녀노소 가리지 않고 수백만 독자 사이에서 호평을 받았다. 그 후 30년이 지나고 출간하는 이번 '개정판'에는 새로운 삽화와 용어를 추가했다.

격동의 1960년대는 지나가고 '무엇이든 다 허용되는' 밀레니얼 세대를 맞았다. 어디에도 절대적인 진리는 존재하지 않을 뿐만 아니라 모든 사상이 똑같이 옳으며, 하나님을 아는 것은 '자신이 지닌 신성함'을 깨닫는 것이라고 주장하는 세속적인 포스트모더니즘 사회에 우리는 살고 있다. 하지만 포스트모더니즘의 뉴 에이지 용어로는 각 사람 안에 있는 하나님의 빈자리를 메꿀 수 없다. 오늘날 '영성'에 대한 새로운 관심은 사실 하나님에 대해 (물론 자신에 대해서도) 나름 괜찮다 느끼고, 경건해지고 싶어 하는 오래된 자기 노력과 다를 바 없다.

오늘날 사람들이 던지는 영적 질문은 예전과 결이 살짝 달라졌지만, 그 답은 여전히 동일하다. 절대적 진리, 곧 예수 그리스도의 복음은 확실히 있다. 우리의 죄 많은 자아 속에서는 하나님을 찾을 수 없다. 오직 온 우주의 창조주이자 공급자 되시는 하나님께서 우리를 찾으시고, 성령님께서 우리 삶에 찾아오신다. 그리고 우리 자신을 초월하는 소망과 능력, 잠재력을 주신다.

이 말이 너무 단순하게 들린다면 이 책을 계속 읽어 가며 바울(그리고 하나님)이 하는 말에 주목하라. 바울은 지구상 가장 종교적이고 율법적인 바리새인이었다. 하지만 어느 날, 다메섹으로 가는 길에서 예수 그리스도를 만났다. 그리고 종교적으로 사는 것은 고된 일이고, 열매 없는 싸움이며, 엄청난 짐이라는 사실을 깨달았다. 그래서 바울은 복음의 사도가 되었다.

그리스도인이 되는 것은 당신의 어깨에서 짐을 내려놓는 것이다. 당신에게는 하나님께서 당신을 위해 예비하신 모든 것이 될 자유가 있다.

프리츠 리더나워

서론

그리스도인은
종교적이어야 하지 않는가?

    종교에 매이지 않은 그리스도인이 되는 법이라니. 모순이다. 기독교는 세상에서 가장 위대한 종교라 불리지 않는가?

    종교는 신앙과 예배의 조직적인 체계라고 웹스터 사전은 정의한다.

    기독교는 확실히 신앙과 예배의 조직적인 체계다.

    이 사전에 따르면, 종교는 예배라는 형식으로 하나님을 섬기고 그분을 찬미하는 것이다.

    그렇다. 기독교는 확실히 예배라는 형식으로 하나님을 섬기고 찬미하는 종교다.

또 웹스터 사전은, 종교는 헌신과 충성, 성실, 신의 존재에 대한 인지와 확신이고 이는 경외심과 사랑, 감사, 순종하고 헌신하려는 의지를 불러일으킨다고 정의한다.

기독교는 확실히 그런 종교다. 그러나 기독교는 그 이상이다.

이 책에서는 바로 '그 이상'에 대해 말하려고 한다.

기독교는 종교를 뛰어넘는다. 다른 모든 종교에는 기본적인 특징이 한 가지 있는데, 신도가 자신의 노력으로 신에게 닿고, 신을 찾으며, 신을 기쁘게 하려 한다는 것이다. 즉 종교는 인간이 신을 향해 손을 뻗는 것이다. 하지만 기독교에서는 하나님께서 인간에게 손을 뻗으신다. 기독교는 인간이 하나님을 찾은 것이 아니라 **하나님께서 우리를 찾아 오셨다**고 말한다. 어떤 이들에게는 이 사실이 충격적으로 들릴 수도 있다. 왜냐하면 그들은 종교적으로 노력하기를 좋아하고 자기 방식대로 하나님을 다루고 싶어 하기 때문이다. 그들은 통제권을 얻고, 자신의 그런 '종교적인' 모습에 흡족해한다.

하지만 기독교는 종교적인 노력과 거리가 멀다.

기독교 신앙은 하나님께서 당신을 위해 하신 일에 **반응**하는 것이다. 또 그리스도인의 삶은 종교적 쳇바퀴를 도는 삶이 아니라 하나님과 관계를 맺는 삶이다. 하지만 많은 그리스도인이 이 사실을 진심으로 믿지 않는다. 일종의 종교, 즉 형식과 예전, 규칙, 체계, 신조 등 행위가 신앙과 믿음을 대신하고 율법이 은혜보다 앞서는 조직적인 체계로 기독교를 축소시킨다. 인정하고 싶지 않겠지만 사실이다. 우리는 하나님의 사랑

이 책에서 '종교적이다'는 것은

하나님께 닿으려고

하나님을 찾으려고

하나님을 기쁘시게 해 드리려고

사람이 자신의 헛된 노력으로 애쓰는 것을 말한다.

에 반응하는 대신, 우리 방식으로 그 사랑에 닿으려 노력하고, 하나님을 우리 손이 닿기 편한 거리에 두려 한다.

하지만 하나님께서는 그 정도 거리에 머물지 않으신다. 당신의 삶에 들어오시면, 오히려 당신의 삶 전체를 요구하신다. 당신이 종교적 가식과 거만에서 떠나고 주일마다 너무도 쉽게 말려드는 '교회'라는 게임에서 벗어나기를 원하신다. 하나님께서는 당신이 몸과 마음과 영혼을 모두 하나님께 산 제사로 드리길 원하신다.

종교에 매이지 않은 그리스도인이 되는 방법이 있을까?

"그리스도인이 되는 것은 사실 '선한 사람'이 되는 거야. 그런데 만약 내가 선하지 않다면 그 기준에 미치지 못한 것이지. 그럼 나는 좌절감과 죄책감을 느낄거야. 나 자신이나 내 믿음에 만족하지 못할 거야…." 이렇게 꼬리에 꼬리를 무는 생각 깊숙이 뿌리박힌 허상을 잘라 낼 칼은 없을까?

있다. 그런 칼이 분명히 있다. 신약 성경에 실린 바울이 로마에 보낸 편지가 바로 그 칼이다. 위대한 사도 바울은 16장으로 된 짧은 편지에서 종교적 차원을 훨씬 뛰어넘는 기독교를 보여 준다. 그는 우리가 진정 누구인지, 왜 사는지, 어떻게 값진 삶을 살아 낼 수 있는지 말한다. 이 책을 통해 당신도 종교인이 되지 않고 그리스도인이 되는 법을 직접 발견할 수 있을 것이다.

대부분 깨닫지 못하지만,
많은 그리스도인이 종교적 행위라는 러닝머신 위를 달리고 있다.

그래서 자주 좌절감과 실패감을 느낀다.

그러나 이 러닝머신에서 내려올 방법이 있다.

(당신이 러닝머신을 너무 좋아해서
변화를 거부하지만 않는다면 말이다.)

1장

당신의 믿음은
죽었는가, 살았는가?

뻔한 질문이다. 하지만 과연 그럴까? 일단 용어부터 정리하자. 믿음은 우리가 믿는 것이자, 삶의 지침이 되는 원칙이며 소망이다. '죽은 믿음'은 일종의 지적 시스템이고 무미건조하고 모호한 신조이며 현실의 삶과는 매우 동떨어진 무의미한 신념에 불과하다. 하지만 '살아 있는 믿음'은 그 반대다. 살아 있는 믿음을 갖는 것은 머릿속으로 신앙 고백에 동의하는 것 이상의 의미가 있다. 살아 있는 믿음은 당신을 하나님께 닿게 한다. 살아 있는 믿음에는 능력이 있다. 바울은 바로 이 부분에서 로마의 성도들에게 편지를 시작한다.

로마서 1장 1-17절

¹예수 그리스도의 종 바울은 사도로 부르심을 받아 하나님의 복음을 위하여 택정함을 입었으니 ²이 복음은 하나님이 선지자들을 통하여 그의 아들에 관하여 성경에 미리 약속하신 것이라 ³그의 아들에 관하여 말하면 육신으로는 다윗의 혈통에서 나셨고 ⁴성결의 영으로는 죽은 자들 가운데서 부활하사 능력으로 하나님의 아들로 선포되셨으니 곧 우리 주 예수 그리스도시니라 ⁵그로 말미암아 우리가 은혜와 사도의 직분을 받아 그의 이름을 위하여 모든 이방인 중에서 믿어 순종하게 하나니

⁶너희도 그들 중에서 예수 그리스도의 것으로 부르심을 받은 자니라 ⁷로마에서 하나님의 사랑하심을 받고 성도로 부르심을 받은 모든 자에게 하나님 우리 아버지와 주 예수 그리스도로부터 은혜와 평강이 있기를 원하노라

⁸먼저 내가 예수 그리스도로 말미암아 너희 모든 사람에 관하여 내 하나님께 감사함은 너희 믿음이 온 세상에 전파됨이로다 ⁹내가 그의 아들의 복음 안에서 내 심령으로 섬기는 하나님이 나의 증인이 되시거니와 항상 내 기도에 쉬지 않고 너희를 말하며

¹⁰어떻게 하든지 이제 하나님의 뜻 안에서 너희에게로 나아갈 좋은 길 얻기를 구하노라 ¹¹내가 너희 보기를 간절히 원하는 것은 어떤 신령한 은사를 너희에게 나누어 주어 너희를 견고하게 하려 함이니 ¹²이는 곧 내가 너희 가운데서 너희와 나의 믿음으로 말미암아 피차 안위함을 얻으려 함이라

¹³형제들아 내가 여러 번 너희에게 가고자 한 것을 너희가 모르기를 원하지 아니하노니 이는 너희 중에서도 다른 이방인 중에서와 같이 열매를 맺게 하려 함이로되 지금까지 길이 막혔도다 ¹⁴헬라인이나 야만인이나 지혜 있는 자나 어리석은 자에게 다 내가 빚진 자라 ¹⁵그러므로 나는 할 수 있는 대로 로마에 있는 너희에게도 복음 전하기를 원하노라

¹⁶내가 복음을 부끄러워하지 아니하노니 이 복음은 모든 믿는 자에게 구원을 주시는 하나님의 능력이 됨이라 먼저는 유대인에게요 그리고 헬라인에게로

다 ¹⁷복음에는 하나님의 의가 나타나서 믿음으로 믿음에 이르게 하나니 기록된 바 오직 의인은 믿음으로 말미암아 살리라 함과 같으니라

그리스도인이 되려면 '이성'을 포기해야 하는가?

로마서의 서문은 한때 기독교를 증오했던 사람이 썼다고 하기에는 이상하기 짝이 없다. 바울은 유대인이었다. 그는 랍비였으며 당대 종교적 보수주의자인 바리새인이었다. 그리스도께서 죽으시고 부활하신 직후인 A. D. 33년, 바울은 기독교를 완전히 뿌리 뽑겠다는 의지를 불태우고 있었다. 바울은 그리스도인들이 틀렸다고 **확신했다**. 그리스도인들은 예수님이 약속된 메시아라고 주장했는데, 바울이 듣기에는 말도 안 되는 헛소리였다.

그런데 그리스도인들을 박해하러 가던 도중 갑자기 하늘에서 비추는 밝은 빛에 바울은 눈이 어두워져 땅에 엎드러졌다. 살아 계신 그리스도의 음성을 들은 바울은 완전히 180도 변했다. 바리새인의 삶을 떠나 (자기 목숨을 걸고) 독실한 그리스도인, 즉 그리스도의 '종'이 되었다(롬 1:1).

바울은 처음부터 그리스도인이 되는 것은 '종교적인' 것과 거리가 멀다는 사실을 알았다. 그는 바리새인으로서 종교심이 강한 사람이었다. 우리가 글을 알듯 율법을 꿰고 있었지만, 율법은 그에게 평안을 가져다 주지 않았다. 살아 계신 하나님께 닿을 수 있게 도와주지도 않았다. 하

지만 다메섹으로 가는 먼지투성이 길에서 바울은 하나님의 음성을 들었고, 여태껏 찾던 것을 발견할 수 있었다(행 9:1-19).

바울은 초대 교회의 인정받는 지도자가 되었다. 가는 곳마다 교회를 세웠고, 새 믿음으로 살아가는 성도들을 격려하기 위해 많은 편지를 썼다. 로마서는 바울이 직접 방문하지 않은 곳에 보낸 유일한 편지다. 바울은 로마로 가기 위해 애썼는데, 그는 로마 제국의 수도가 서쪽으로 (아마도 스페인까지) 뻗어 가는 선교의 근거지가 되기를 소망했다. 그래서 고린도에서 동역자들과 함께 머무는 동안 로마의 성도들이 복음의 의미를 더 잘 이해할 수 있도록 편지를 썼다. 바울은 그 편지의 서두에서 기독교가 왜 살아 있는 믿음인지 단도직입적으로 말한다.

"내가 복음을 부끄러워하지 아니하노니 이 복음은 모든 믿는 자에게 구원을 주시는 하나님의 능력이 됨이라 먼저는 유대인에게요 그리고 헬라인에게로다"(롬 1:16).

바울은 좋은 소식, 즉 복음을 나눌 준비가 되어 있었다. 여기에 능력이 있음을 알았기 때문이다. 복음은 삶에 의미를 부여한다. 복음은 우리에게 새로운 목적과 초점을 제시한다. 바울이 살던 시대의 사람들은 마음과 정신, 영혼의 평안, 다시 말해 구원을 끊임없이 갈망했다. 오늘날에도 사람들은 구원을 애타게 찾는다. 하지만 정작 복음의 진정한 의미는 놓칠 때가 많다. 너무 많은 영역에서 기독교는 '하나님께 닿기 위해'

필요한 의식과 규칙, 그리고 여러 필수적인 장비를 갖춘 또 하나의 종교로 전락하고 말았다. 그러나 이것은 복음이 아니다.

1. 복음은 율법과 짐이 아니다

복음은 단순히 "이렇게 하면 안 되고, 저렇게 해서도 안 된다. 하지 마라. 만져서도 안 된다. 이렇게 하면 죽는다."처럼 **해야 할 일과 하지 말아야 할 일**의 목록이 아니다.

2. 복음은 인간이 만든 사상이 아니다

많은 사람이 하나님을 예배한다고 하지만 사실은 하나님을 종교라는 상자(혹은 그들이 만든 기독교라는 브랜드) 안에 들어갈 만한 아주 작은 존재로 전락시킨다. 하지만 복음은 인간이 만들어 낼 수 있는 것이 아닐뿐더러, 인간은 애초에 그런 방식으로 사고할 수 없다.

3. 복음은 비합리적인 것이 아니다

어떤 사람들은 더 세련되고 지적인 믿음 체계를 선호한다는 이유로 기독교를 배척한다. 그들은 복음이 무식하거나 미신을 믿는 사람을 위한 것이라고 주장한다. 말도 안 되는 소리다! 많은 뛰어난 지성인이 증언하듯 그리스도인이 되기 위해 당신의 이성을 포기할 필요는 없다.

잘 알려진 천문학자이자 교수인 데이비드 블록(David Block) 박사는 다음과 같이 소신을 밝혔다.

복음은
율법과 짐이 아니다.

믿음은 어둠 속으로 무모하게 뛰어내리는 것이 아니다. 항상 증거에 근거한다. 내가 상대성 이론, 상대론적 천체 물리학, 우주론을 연구해 보니 … 전 우주가 위대한 설계자에 의해 오묘하게 지어졌고, 정교하게 조율되고 운영된다는 사실로 귀결되었다. 그래서 우리는 논리에 근거하여 인격적인 하나님에 의해 지어진 우주에 우리가 살고 있음을 이해할 수 있다. 처음부터 끝까지 논리적이다.[1]

다른 저명한 과학자들도 하나님을 믿는 것은 비논리적이지 않다며 자신의 신념을 공언했다. 천체 물리학자이자 기독교 옹호자인 휴 로스(Hugh Ross) 박사는 성경과 자연에 나타난 하나님의 자기 계시는 서로 모순되지 않고 그렇게 되지도 않으며 될 수도 없다는 메시지로 현대 과학의 선두에 섰다.[2] 그는 이렇게 말했다. "천문학자가 우주의 기원과 발달을 알게 될수록 성경에 나오는 하나님에 대한 증거가 더 축적된다."[3]

그렇다. 우리는 믿음의 문으로 기독교에 들어온다. 그러나 예수님께서는 우리의 모든 "뜻을 … 다하여 주 너의 하나님을 사랑하라"(막 12:30, 강조는 저자의 것)고 우리에게 직접 명령하셨다. 기독교는 생각 없는 종교가 아니다.

그렇다면 복음은 무엇인가?

자, 우리는 복음이 아닌 것에 대해 살펴보았다. 그렇다면 복음은 과연 무엇일까? 로마서 1장 16-17절을 더 자세히 들여다보자.

1. 복음은 좋은 소식이다

창조주 하나님께서는 그리스도를 통해서 인간과 관계를 맺으셨다. 하나님은 강력한 능력으로 우리에게 내려오셨고 말씀하셨다. "나는 너를 사랑한다. 너의 등에서 짐을 벗겨 내노라. 내 아들이 너의 죄와 죄책을 위해 죽었고 죽음에서 부활해서 영원히 죽음을 정복했다. 그는 **살아 있고, 그를 믿음으로 너 또한 살리라**."

2. 복음은 모두를 위한 것이다

바울은 유대인이든 이방인(유대인이 아닌 모든 사람)이든 하나님의 능력은 믿는 모두를 구원한다고 말한다. 복음은 절박한 사람부터 '나 정도면 괜

복음은 하나님께로부터 온 좋은 소식이다.

찮지 않나?'라고 느끼는 사람까지 모든 자격 없는 죄인을 위한 것이다. 요지는 우리 자신의 종교적인 노력으로는 하나님께 닿을 수 없다는 것이다. 복음은 우리 모두를 하나님 보시기에 온전히 의롭게 하는 유일한 능력이다.

3. 복음은 오직 믿음을 통해서만 구원한다

16세기 초, 독실한 로마 가톨릭 수도사였던 마르틴 루터(Martin Luther)는 죄의 짐과 씨름했다. 그는 성례(미사 참여, 고해 성사, 면죄부 구입, 속죄 행위)를 통해 구원에 대한 확신을 얻고자 안간힘을 썼다. 그는 선행을 하고 앙상하게 뼈만 남을 때까지 금식했다. 매섭게 추운 겨울날에도 난방을 하지 않은 독방에서 생활하며 밤새 기도에 매진했다.[4] 심지어 고해 성사할 때 자신의 모든 죄를 빠짐없이 고백하기 위해서 자신의 생각과 행위를 긴 목록으로 적어 다니기도 했다. 하지만 아무 소용이 없었다. 아무리 애를 써도 구원의 확신은 들지 않았고 두려움과 죄책감은 여전했다.[5]

이런 상태는 수년간 계속됐다. 그러던 어느 날이었다. 비텐베르크대학에서 교수로 재직하며 성경을 연구하던 중에 한 구절이 그의 삶(그리고 세상)을 완전히 바꾸어 놓았다. "오직 의인은 믿음으로 말미암아 살리라"(롬 1:17). 이 말씀을 계기로 루터는 믿음의 길에 들어섰다. 로마서 1장 17절 말씀을 오랫동안 묵상하면서 그는 오직 믿기만 했을 뿐, 하나님의 은혜와 순전한 자비가 그를 의롭다 하시기에 그가 '의인'이 되었다는 사실을 깨달았다. 루터는 당시 사건을 이렇게 묘사했다. "나는 마치 새로 태어난 듯했고 천국 문이 열린 것 같았다."[6]

이것이 루터가 종교 개혁을 일으키게 된 계기다.[7] 그는 복음이 예수 그리스도를 향한 믿음과 헌신을 불러일으켰음을 깨달았다. **이것**이야말로 우리를 구원에 이르게 하는 것이자, 앞으로 우리가 보게 될 로마서가 쓰인 목적이다.

더 깊은 묵상

1. 종이 한 장을 준비하고 당신이 정의하는 '복음'이 무엇인지 적어 보라. 이 좋은 소식은 당신에게 개인적으로 어떤 의미를 갖는가? 복음이 당신의 삶에 어떤 영향을 끼치는지 3-6가지 정도 적을 수 있는가?

2. 로마서 1장 16절 말씀을 암송하라. 그리고 다음 말씀 구절을 요약하면서 '구원'이라는 용어에 대해 생각해 보라. 시편 37편 39절, 요한복음 1장 9절, 사도행전 4장 12절, 15장 11절, 갈라디아서 1장 3-4절, 디모데후서 1장 8-9절, 데살로니가전서 5장 9-10절.

3. 에베소서 2장 8-10절과 디도서 3장 4-7절을 비교해 보라. 그리스도인의 삶에서 '행위'는 어떤 역할을 하는가? 야고보서 2장 14-19절을 참조하라.

4. 종교 개혁가 마르틴 루터는 "당신의 마음이 매달리고 의지하는 것이 바로 당신이 섬기는 신이다."라고 말했다. 이 말에 동의하는가? 그 이유는 무엇인가?

2장

하나님은 상대 평가로 점수를 매기시는가?

'상대 평가'라고 하면, 고등학생이나 대학생에게는 친숙한 용어일 것이다. 교사가 모든 점수를 합산해 최고점에서 최저점으로 줄을 세운다. 그러고 나서 A나 B학점에 속하는 학생, C학점에 속하는 대부분의 학생, D와 F학점에 속하는 낮은 점수를 받은 학생을 한눈에 볼 수 있도록 '점수 분포도'를 그린다. 하나님도 이처럼 인간에게 점수를 매기실까? "난 그 정도로 나쁘진 않지…. 꽤 잘 살고 있잖아. 물건을 훔치거나 사기를 치지도 않고, 강아지를 발로 차지도 않아…." 많은 사람이 이렇게 생각하는 듯하다.

너그럽고 다정하신 하나님은 당연히 '최선을 다하는' 사람에게 합격점을 주시고 천국 학위를 수여하시지 않을까? 이에 대해 바울이 하는 말을 들어 보자.

로마서 1장 18-32절

¹⁸하나님의 진노가 불의로 진리를 막는 사람들의 모든 경건하지 않음과 불의에 대하여 하늘로부터 나타나나니 ¹⁹이는 하나님을 알 만한 것이 그들 속에 보임이라 하나님께서 이를 그들에게 보이셨느니라 ²⁰창세로부터 그의 보이지 아니하는 것들 곧 그의 영원하신 능력과 신성이 그가 만드신 만물에 분명히 보여 알려졌나니 그러므로 그들이 핑계하지 못할지니라
²¹하나님을 알되 하나님을 영화롭게도 아니하며 감사하지도 아니하고 오히려 그 생각이 허망하여지며 미련한 마음이 어두워졌나니 ²²스스로 지혜 있다 하나 어리석게 되어 ²³썩어지지 아니하는 하나님의 영광을 썩어질 사람과 새와 짐승과 기어다니는 동물 모양의 우상으로 바꾸었느니라
²⁴그러므로 하나님께서 그들을 마음의 정욕대로 더러움에 내버려 두사 그들의 몸을 서로 욕되게 하게 하셨으니 ²⁵이는 그들이 하나님의 진리를 거짓 것으로 바꾸어 피조물을 조물주보다 더 경배하고 섬김이라 주는 곧 영원히 찬송할 이시로다 아멘
²⁶이 때문에 하나님께서 그들을 부끄러운 욕심에 내버려 두셨으니 곧 그들의 여자들도 순리대로 쓸 것을 바꾸어 역리로 쓰며 ²⁷그와 같이 남자들도 순리대로 여자 쓰기를 버리고 서로 향하여 음욕이 불 일듯 하매 남자가 남자와 더불어 부끄러운 일을 행하여 그들의 그릇됨에 상당한 보응을 그들 자신이 받았느니라

²⁸또한 그들이 마음에 하나님 두기를 싫어하매 하나님께서 그들을 그 상실한 마음대로 내버려 두사 합당하지 못한 일을 하게 하셨으니 ²⁹곧 모든 불의, 추악, 탐욕, 악의가 가득한 자요 시기, 살인, 분쟁, 사기, 악독이 가득한 자요 수군수군하는 자요 ³⁰비방하는 자요 하나님께서 미워하시는 자요 능욕하는 자요 교만한 자요 자랑하는 자요 악을 도모하는 자요 부모를 거역하는 자요 ³¹우매한 자요 배약하는 자요 무정한 자요 무자비한 자라 ³²그들이 이같은 일을 행하는 자는 사형에 해당한다고 하나님께서 정하심을 알고도 자기들만 행할 뿐 아니라 또한 그런 일을 행하는 자들을 옳다 하느니라

이런 불신자 '악당들'

이게 대체 무슨 말인가? 이 얼마나 인간을 비하하는 생각인가? 이는 하나님의 진리를 거부하기로 선택한 불신자 '악당들'을 묘사하는 것처럼 보인다.

하지만 바울은 이 '악당들'에게 변명의 여지를 주지 않는다. 그는 인간이 창조주를 알 수 있다고 단호하게 이야기한다. 인간은 온 창조물에 나타난 하나님의 솜씨를 통해 그분을 볼 수 있다(롬 1:20). 그럼에도 타락한 불신자들은 하나님을 인정하지도, 예배하지도, 감사하지도 않고 하나님에게서 등을 돌린다. 그들은 하나님이 어떤 분이신지에 대해 어리석은 생각을 가지고 있다(롬 1:23). 그렇게 빛에서 돌이켜 점점 더 어둠 속에서 살아간다. 그들에게 나열된 죄명을 보라. 살인, 음행, 간음, 동성애, 탐욕, 증오, 시기, 거짓말 등(롬 1:24-32). 바울이 이 편지를 쓴 때는 1세기

였지만 오늘날 우리 세상과 정확하게 일치한다. 사람들은 하나님께 반항했고 그들의 이기심으로 인해 그들이 만지는 모든 것이 타락했다. 사람들은 하나님을 바라봐야 할 필요성을 느끼지 않는다. 도대체 하나님께서 무슨 권리로 그들의 삶에 개입하실 수 있단 말인가? 그렇게 그들은 자기 마음대로 행하고 자기 삶의 주인이 된다.

32절을 주목하라. 사람들은 이 모든 죄악이 사형에 해당함을 알고도 행할 뿐 아니라 그 재미를 함께 느끼자며 다른 사람을 꼬시기까지 한다. 그들은 하나님으로부터 너무 멀리 떨어져 있어서 자신의 행위가 가져올 결과를 보지도 못하고 그 결과에 관심도 없게 되었다.

이렇게 생각할 수도 있다. '어쨌든, 이게 끝이라니 참 다행이야. 나는 저 사람들과 달라. 저 사람들에게 복음이 필요한 건 알겠는데 나랑은 무슨 상관인지 잘 모르겠네.'

당신은 정말 이러한 죄악들과 무관하다고 생각하는가? 당신은 올바르게 살기 위해 노력하고 있는가? 계속 읽어 보자.

로마서 2장 1-16절

¹그러므로 남을 판단하는 사람아, 누구를 막론하고 네가 핑계하지 못할 것은 남을 판단하는 것으로 네가 너를 정죄함이니 판단하는 네가 같은 일을 행함이니라 ²이런 일을 행하는 자에게 하나님의 심판이 진리대로 되는 줄 우리가 아노라 ³이런 일을 행하는 자를 판단하고도 같은 일을 행하는 사람아, 네가 하나님의 심판을 피할 줄로 생각하느냐 ⁴혹 네가 하나님의 인자하심이 너를

인도하여 회개하게 하심을 알지 못하여 그의 인자하심과 용납하심과 길이 참으심이 풍성함을 멸시하느냐
⁵다만 네 고집과 회개하지 아니한 마음을 따라 진노의 날 곧 하나님의 의로우신 심판이 나타나는 그 날에 임할 진노를 네게 쌓는도다 ⁶하나님께서 각 사람에게 그 행한 대로 보응하시되 ⁷참고 선을 행하여 영광과 존귀와 썩지 아니함을 구하는 자에게는 영생으로 하시고 ⁸오직 당을 지어 진리를 따르지 아니하고 불의를 따르는 자에게는 진노와 분노로 하시리라 ⁹악을 행하는 각 사람의 영에는 환난과 곤고가 있으리니 먼저는 유대인에게요 그리고 헬라인에게며 ¹⁰선을 행하는 각 사람에게는 영광과 존귀와 평강이 있으리니 먼저는 유대인에게요 그리고 헬라인에게라 ¹¹이는 하나님께서 외모로 사람을 취하지 아니하심이라
¹²무릇 율법 없이 범죄한 자는 또한 율법 없이 망하고 무릇 율법이 있고 범죄한 자는 율법으로 말미암아 심판을 받으리라 ¹³하나님 앞에서는 율법을 듣는 자가 의인이 아니요 오직 율법을 행하는 자라야 의롭다 하심을 얻으리니 ¹⁴(율법 없는 이방인이 본성으로 율법의 일을 행할 때에는 이 사람은 율법이 없어도 자기가 자기에게 율법이 되나니 ¹⁵이런 이들은 그 양심이 증거가 되어 그 생각들이 서로 혹은 고발하며 혹은 변명하여 그 마음에 새긴 율법의 행위를 나타내느니라) ¹⁶곧 나의 복음에 이른 바와 같이 하나님이 예수 그리스도로 말미암아 사람들의 은밀한 것을 심판하시는 그 날이라

누구나 마음속에 더러운 창고 하나쯤 가지고 있다

아니, 뭐라고? 내가 불신자'만큼이나 악하다'니. 이런 바울의 말이 정당한가? 그의 말은 무슨 의미일까? 바울은 '죄'라는 문제가 있음을 깨닫

지 못하는 소위 선하고, 도덕적인 사람에게 주목한다. '도덕적'인 사람은 자신의 선행만을 생각하고 자기 마음은 들여다보지 못한다. 그는 자신 또한 하나님의 심판 아래 있음을 깨닫지 못한 채 자신이 얼마나 '착한' 사람인지만 생각한다.

이는 오래전부터 그랬다. 우리는 다른 사람 안에 있는 죄는 볼 수 있지만, 종종 우리 자신 안에 있는 그와 비슷한 죄는 보지 못한다. 다른 사람 안에 있는 증오는 지적할 수 있지만, 우리 안에 있는 시기심은 알아보지 못한다. 다른 사람은 항상 뻔뻔하게 우쭐댄다고 생각하면서 우리 안에 도사리는 교만은 알아채지 못한다. 이처럼 우리는 관용과 정의처럼 겉으로 드러나는 선행으로 하나님께 칭찬과 인정을 얻어낼 수 있다는 생각의 덫에 빠지기 쉽다. 하지만 하나님께서는 상대 평가로 점수를 매기지 않으신다.

행간을 읽어 보면, 우리는 바울이 자기 자신을 생각하며 이 편지를 썼음을 짐작할 수 있다. 그리스도를 만나 인생이 뒤바뀌기 전, 바울은 악한 세상을 무시하는 '윤리적인' 사람이었다. 하지만 그리스도를 만나고 바울은 자기 내면의 진짜 모습을 보았다. 그리고 자신이 더는 흠 없는 존재가 아님을 깨달았다.

이러한 깨달음은 우리가 그리스도와 대면할 때에만 얻을 수 있다. 그분의 빛에 우리 자신을 비추어 볼 때에만 얻을 수 있다. 우리는 자신을 다른 사람과 비교할 때, 그래도 자신이 꽤 선하다고 생각한다. 하지만 완벽하신 그리스도의 임재 안에 들어오면 이야기는 달라진다.

우리의 은밀한 삶이 하나님 앞에 여실히 드러난다. 이는 받아들이기 어려운 사실이다. 우리는 우리가 가진 비밀을 다른 사람에게 들키지 않기를 바란다. 그리고 사람들 앞에서 선해 보이려 하고 성공한 것처럼 꾸미려고 애쓴다. 하지만 우리가 아무리 그들 앞에서 연기를 잘해도, 우리 안에는 다른 사람에게 절대 들키고 싶지 않은 더러운 창고가 몇 개씩 있다. 사실 우리는 그 창고 문을 잠그고 열쇠를 버려 버렸다.

하나님께서는 이 모든 것을 아신다. 그분께 숨길 수 있는 것은 **아무것도 없다**. 그래서 바울은 모든 사람에게 그리스도가 필요함을 입증하기 위해 심판과 형벌에 대해 썼다. **모든 사람**에게 복음이 필요하다. 죄 많은 불신자, 도덕적인 선한 사람… 심지어 '종교적인' 사람 가운데에서도 가장 종교적이었던 유대인에게도 복음이 필요하다. 바울이야말로 확실히 알지 않았겠는가. 그는 한때 '종교적인 유대인'이었지만 이제는 다음과 같이 말한다.

로마서 2장 17-29절

[17]유대인이라 불리는 네가 율법을 의지하며 하나님을 자랑하며 [18]율법의 교훈을 받아 하나님의 뜻을 알고 지극히 선한 것을 분간하며 [19]맹인의 길을 인도하는 자요 어둠에 있는 자의 빛이요 [20]율법에 있는 지식과 진리의 모본을 가진 자로서 어리석은 자의 교사요 어린 아이의 선생이라고 스스로 믿으니 [21]그러면 다른 사람을 가르치는 네가 네 자신은 가르치지 아니하느냐 도둑질하지 말라 선포하는 네가 도둑질하느냐 [22]간음하지 말라 말하는 네가 간음하

느냐 우상을 가증히 여기는 네가 신전 물건을 도둑질하느냐 ²³율법을 자랑하는 네가 율법을 범함으로 하나님을 욕되게 하느냐 ²⁴기록된 바와 같이 하나님의 이름이 너희 때문에 이방인 중에서 모독을 받는도다
²⁵네가 율법을 행하면 할례가 유익하나 만일 율법을 범하면 네 할례는 무할례가 되느니라 ²⁶그런즉 무할례자가 율법의 규례를 지키면 그 무할례를 할례와 같이 여길 것이 아니냐 ²⁷또한 본래 무할례자가 율법을 온전히 지키면 율법 조문과 할례를 가지고 율법을 범하는 너를 정죄하지 아니하겠느냐
²⁸무릇 표면적 유대인이 유대인이 아니요 표면적 육신의 할례가 할례가 아니니라 ²⁹오직 이면적 유대인이 유대인이며 할례는 마음에 할지니 영에 있고 율법 조문에 있지 아니한 것이라 그 칭찬이 사람에게서가 아니요 다만 하나님에게서니라

세상이 하나님을 싫어하는 것은 당신의 '종교' 때문이다

바울은 당시의 유대인에 대해 말한다. 그들은 종교적이었다. 규칙적으로 성경을 읽고 기도하고 금식하고 십일조를 냈으며 하나님을 예배했다. 유대인들은 선하고 진지하고 종교적인 사람들로서 하나님 앞에서 자신들의 위치에 대해 전혀 의심하지 않았다. 그들은 자신들 또한 하나님의 심판 아래 있을지도 모른다는 생각은 아예 하지 않았다. 하지만 사실 그들도 심판 아래 있었다.

무엇이 잘못된 걸까? 바울은 그 원인을 알았다. 유대인들은 교만했고 그들의 교만은 위선으로 이어졌다. 그들은 하나님의 율법을 안다고 교

만했지만, 그 율법을 어겨서 하나님을 욕되게 했다(롬 2:23)! 로마서 2장 24절에서 바울은 이렇게까지 비난한다. "'하나님의 이름이 너희 때문에 이방인들 가운데서 모독을 당한다'라고 기록된 말씀과 같습니다."[1]

오늘날에도 이와 같은 일이 일어난다. 많은 교회가 그리스도께 인격적으로 헌신하는 일보다 종교를 우선시한다. 종교는 우리를 교만하게 하고 자기 의로 가득하게 만들 뿐, 현실에서는 친절하지도, 정직하지도, 겸손하지도, 사랑하지도 못하게 한다. 왜 많은 사람이 교회를 멀리할까? 왜 그리스도인을 위선자라고 비난할까? 그들이 바로 이 '종교'라는 게임을 꿰뚫어 보고 이것이 가짜임을 알기 때문이다.

솔직히 말해 보자. 사람들이 교회를 멀리하는 이유는 단순히 그들이 '빛 가운데로 들어오기를 싫어하는 죄인들'이기 때문만은 아니다. 물론 사탄이 그들의 눈을 가린 것도 사실이지만(고후 4:4), 교회에서 나타나는 종교적 위선 또한 그들의 눈을 흐린다.

바울은 이 구절에서 '종교'의 실패를 폭로한다. 그는 누구도 죄에서 자유롭지 않다고 단호히 선언한다. 종교적인 사람, 심지어 선택받은 유대인조차도 생각과 마음을 바꿔야 한다. 중요한 것은 그것뿐이다.

이제 하나님이 상대 평가로 점수를 매기지 않으신다는 것을 확실히 알았을 것이다. 사실 우리 모두는 합격 등급을 받지 못한다. 그래서 바울은 이 최종 기소장으로 온 인류에 대한 하나님의 입장을 다음과 같이 요약한다.

로마서 3장 1-20절

¹그런즉 유대인의 나음이 무엇이며 할례의 유익이 무엇이냐 ²범사에 많으니 우선은 그들이 하나님의 말씀을 맡았음이니라

³어떤 자들이 믿지 아니하였으면 어찌하리요 그 믿지 아니함이 하나님의 미쁘심을 폐하겠느냐 ⁴그럴 수 없느니라 사람은 다 거짓되되 오직 하나님은 참되시다 할지어다 기록된 바 주께서 주의 말씀에 의롭다 함을 얻으시고 판단 받으실 때에 이기려 하심이라 함과 같으니라

⁵그러나 우리 불의가 하나님의 의를 드러나게 하면 무슨 말 하리요 [내가 사람의 말하는 대로 말하노니] 진노를 내리시는 하나님이 불의하시냐 ⁶결코 그렇지 아니하니라 만일 그러하면 하나님께서 어찌 세상을 심판하시리요 ⁷그러나 나의 거짓말로 하나님의 참되심이 더 풍성하여 그의 영광이 되었다면 어찌 내가 죄인처럼 심판을 받으리요 ⁸또는 그러면 선을 이루기 위하여 악을 행하자 하지 않겠느냐 어떤 이들이 이렇게 비방하여 우리가 이런 말을 한다고 하니 그들은 정죄 받는 것이 마땅하니라

⁹그러면 어떠하냐 우리는 나으냐 결코 아니라 유대인이나 헬라인이나 다 죄 아래에 있다고 우리가 이미 선언하였느니라 ¹⁰기록된 바

의인은 없나니 하나도 없으며 ¹¹깨닫는 자도 없고 하나님을 찾는 자도 없고 ¹²다 치우쳐 함께 무익하게 되고 선을 행하는 자는 없나니 하나도 없도다 ¹³그들의 목구멍은 열린 무덤이요 그 혀로는 속임을 일삼으며 그 입술에는 독사의 독이 있고 ¹⁴그 입에는 저주와 악독이 가득하고 ¹⁵그 발은 피 흘리는 데 빠른지라 ¹⁶파멸과 고생이 그 길에 있어 ¹⁷평강의 길을 알지 못하였고 ¹⁸그들의 눈 앞에 하나님을 두려워함이 없느니라 함과 같으니라

¹⁹우리가 알거니와 무릇 율법이 말하는 바는 율법 아래에 있는 자들에게 말하는 것이니 이는 모든 입을 막고 온 세상으로 하나님의 심판 아래에 있게 하려 함이라 ²⁰그러므로 율법의 행위로 그의 앞에 의롭다 하심을 얻을 육체가 없나니 율법으로는 죄를 깨달음이니라

아무리 '종교적인' 사람이라도
생각과 마음이 거듭나지 않으면
하나님의 기준에 닿을 수 없다.

10할 타자는 없다

어떤가? 일반적으로 **우리**는 인간을 이렇게 평가하지 않는다. 하지만 이것이 우리에 대한 **하나님**의 평가다. 이를 야구 용어로 요약해 보자. 메이저 리그에는 여러 선수가 있다. 평균 1할 8푼을 치는 저조한 타자가 있는가 하면 2할 8푼 5리를 치는 우수한 타자도 있다. 그리고 3할 7푼 4리를 치는 놀라운 타격왕도 있다. 하지만 누가 10할을 칠 수 있을까? 베이브 루스(Babe Ruth)나 배리 본즈(Barry Bonds)를 데리고 온다 해도 칠 수 없다.

하나님은 인간이 타석에서 몇 번이고 내야 땅볼을 치고 삼진 아웃을 당하다가 가끔 2루타를 치는 모습을 지켜보신다. 우리 중 제일 잘 치는 타자라 해도 이 정도면 형편없는 성적이라고 할 수 있다. 10할을 칠 수 있는 사람은 아무도 없다.

그러므로 복음은 기대치에 미치지 못하는 '악당들'만을 위한 것이 아니다. 기대에 부합한다고 착각하는 '착한 사람', 그리고 기대에 부응하려고 애쓰는 '종교적인 사람' 모두를 위한 것이다. 그렇다면 복음은 어떻게 효력을 발휘할까? 만약 우리가 모두 심판대에 서 있다면 누가 어떻게 우리를 심판대에서 벗어나게 할 수 있을까? 바울은 다음 장에서 그 방법을 제시한다.

더 깊은 묵상

1. '죄'가 무엇인지 당신만의 정의를 써 보라. 다른 죄보다 더 악한 죄가 있다고 생각하는가? 만약 그렇다면 왜 그렇게 생각하는가? 바울의 생각도 당신과 같다고 생각하는가?

2. 다음 구절에서 죄에 대해 하는 말을 요약해 보라. 창세기 4장 7절, 열왕기상 8장 46절, 잠언 20장 9절, 이사야 53장 6절, 야고보서 4장 17절, 요한일서 1장 8절, 3장 4절.

3. 로마서 1장 18절을 보라. '진리를 막는' 것이 죄와 어떤 관계가 있는가?

4. 러시아 우주 비행사 안드리안 미콜라예프(Andrian Mikolayev) 소령은 지구를 돌면서 "우주에서 하나님을 보지 못했다."라고 말했다. 이에 못지않게

여러 번 우주 탐사 임무를 수행한 우주 비행사 고든 쿠퍼(Gordon Cooper)는 "나도 하나님을 보지 못했지만 그분이 창조하신 많은 경이로운 것을 보았다."라고 응했다. 로마서 1장 19-20절을 읽으라. "내가 볼 수 없으니 하나님은 없다."라고 주장하는 사람에게 당신은 뭐라고 말하겠는가?

3장

그리스도인은 가석방된 것일까, 완전히 사면받은 것일까?

그리스도인에게 가석방이니 사면이니 하는 단어를 쓰는 것이 이상하게 들리는가? 하지만 생각해 보라. 죄수가 사면을 받으면 그는 아무런 조건 없이 완전히 자유로워진다. 하지만 가석방되면 담당관에게 계속 보고해야 한다는 조건이 붙는다. 또 갈 수 있는 곳과 할 수 있는 일에 제약을 받는다. 무슨 이야기를 하는지 감이 오는가? 오늘날 수많은 그리스도인이 마치 가석방된 것처럼 살고 행동하며 말한다. 그런데 **하나님**께서는 그리스도인들을 가석방시키신 것일까? 다음 본문은 편지에서 가장 심오한 부분으로, 바울은 강력한 어조로 복음의 핵심을 짚는다.

로마서 3장 21-31절

²¹이제는 율법 외에 하나님의 한 의가 나타났으니 율법과 선지자들에게 증거를 받은 것이라 ²²곧 예수 그리스도를 믿음으로 말미암아 모든 믿는 자에게 미치는 하나님의 의니 차별이 없느니라
²³모든 사람이 죄를 범하였으매 하나님의 영광에 이르지 못하더니 ²⁴그리스도 예수 안에 있는 속량으로 말미암아 하나님의 은혜로 값 없이 의롭다 하심을 얻은 자 되었느니라 ²⁵이 예수를 하나님이 그의 피로써 믿음으로 말미암는 화목제물로 세우셨으니 이는 하나님께서 길이 참으시는 중에 전에 지은 죄를 간과하심으로 자기의 의로우심을 나타내려 하심이니 ²⁶곧 이 때에 자기의 의로우심을 나타내사 자기도 의로우시며 또한 예수 믿는 자를 의롭다 하려 하심이라 ²⁷그런즉 자랑할 데가 어디냐 있을 수가 없느니라 무슨 법으로냐 행위로냐 아니라 오직 믿음의 법으로니라 ²⁸그러므로 사람이 의롭다 하심을 얻는 것은 율법의 행위에 있지 않고 믿음으로 되는 줄 우리가 인정하노라 ²⁹하나님은 다만 유대인의 하나님이시냐 또한 이방인의 하나님은 아니시냐 진실로 이방인의 하나님도 되시느니라 ³⁰할례자도 믿음으로 말미암아 또한 무할례자도 믿음으로 말미암아 의롭다 하실 하나님은 한 분이시니라 ³¹그런즉 우리가 믿음으로 말미암아 율법을 파기하느냐 그럴 수 없느니라 도리어 율법을 굳게 세우느니라

이것 외에 당신이 할 수 있는 일은 없다

이제 우리는 죄를 지어 하나님의 영광에 이르지 못한 모든 사람에게 (롬 3:23) 기독교가 제시하는 중요한 해답, 곧 하나님께서 우리를 구원하

셨다는 대답을 들었다. 하나님께서는 예수 그리스도라는 인간으로 세상에 오셔서 고통스러운 십자가 고난을 당하셨다. 그리고 우리가 '의롭게' 되도록 자신의 독생자에게 우리의 죄를 전가하셨다. 의롭게 된다는 것은 무슨 뜻일까?

이 본문에서 핵심 구절은 바로 24절이다. NKJV 성경에는 이렇게 쓰여 있다. "그리스도 예수 안에 있는 구속으로 말미암아 그분의 은혜로 값없이 의롭게 되었음이라." 이 짧지만 강력한 구절에는 우리가 더 깊이 연구해 볼 만한 세 단어가 있다. 바로 '의롭게 되다'와 '은혜' 그리고 '구속'이다.

1. 의롭게 되다

하나님 앞에서 '의롭게 된다'는 것은 그분의 아들 예수 그리스도께서 우리를 대신하여 죽으심으로 하나님의 공의가 충족되었음을 의미한다. 그리스도께서는 우리의 죄를 위한 대가를 지불하셨을 뿐만 아니라 우리의 죄로 인한 죄책도 없애 주셨다. 많은 그리스도인이 죄책에 대한 이 마지막 요점을 간과하거나 제대로 이해하지 못한다.

예를 들어, 의롭게 되는 것을 교통 법규 위반 딱지에 비유해 이해할 수 있다. 당신이 속도위반으로 법정에 가게 되었다고 가정해 보자. 그런데 벌금을 내지 않아도 된다고 한다. 알고 보니, 인자하신 아빠든 돈 많은 삼촌이든 누군가가 벌금을 대신 내 주었다. 누군가가 당신의 벌금을 대신 내 주는 것으로 의롭게 됨을 완전히 설명할 수는 없다. 하나님께서는 이보다 한 발짝 더 나아가신다. 교통 법규 위반 딱지를 받은 사람의 벌금은 누가 대신 내 준다 해도 그가 죄를 지었다는 사실은 변하지 않는다. 하지만 죄인이 그리스도를 통해 하나님께 돌아서면, **그의 죄가 그 대가와 함께 사라진다!**

하나님 보시기에 그리스도인은 과거에 지은 모든 죄를 완전히 용서받았다. 하나님께서는 우리가 예수 그리스도를 믿으면 우리가 지은 죄에 대해 무죄를 선고하신다(롬 3:24). 여기서 끝이 아니다. 하나님은 우리를 사면하실 뿐 아니라 영적 자녀와 상속자가 되게 하셔서 한 가족의 일원으로 삼으신다(요 1:12 ; 롬 8:16). 우리는 이를 완전히 이해할 수 없다. 하지만 "하나님께서 마치 내가 죄를 지은 적이 전혀 없는 것처럼 나를 바라보신다."라고 말할 수 있다.

이것이 어떻게, 왜 가능할까? 다음 단어가 이 질문에 대한 단서다.

2. 은혜

우리는 하나님의 **은혜** 곧 넘치는 은총과 자비와 사랑으로 값없이 의롭게 되었다. 의롭게 됨과 마찬가지로 우리는 은혜가 무엇인지 이해하기 위해 노력할 뿐이다.

은혜는 당신이 6주간 빈둥거리다가 마감일을 놓쳤어도 과제를 마칠 수 있는 이틀을 더 허락받은 것과 같다.

은혜는 20만원의 과태료와 면허 정지 처분을 받는 대신 경찰관에게 구두 경고만 듣고 풀려난 것과 같다.

은혜는 실수로 삭제한 파일을 절대 찾을 수 없을 것 같았는데도 불구하고 복구한 것과 같다.

은혜는 당신이 애쓰지 않았고, 당신에게 그럴 만한 자격이 없어도 다시 한번 기회를 얻는 것이다. (심지어 당신이 원하지 않아도 말이다!)

하지만 세상 그 어떤 비유로도 하나님의 은혜를 제대로 설명할 수는 없다. 하나님의 넘치는 사랑과 자비는 모두에게, **심지어 그분을 싫어하는 이에게도** 주어진다. 우리가 진실로 회개하고, 죄로부터 우리를 구원하신 그리스도를 구세주로 믿기만 하면, 우리가 무슨 짓을 저질렀든 하나님께서는 값없이 용서하시고 우리를 용납하신다. 오직 하나님만이 그런 은혜를 베푸실 수 있다!

그리고 또 하나의 '중요한' 단어가 있다.

3. 구속

우리는 하나님의 은혜로 예수 그리스도 안에 **구속**됨으로써 값없이 의롭게 된다. 구속은 대가 지불을 포함한다. 즉 구속은 '대가를 지불해서 속박에서 해방하는 것'을 의미한다. 여기에는 몸값을 지불한다는 개념이 포함된다.

유괴범이 요구한 거액의 몸값 중 기억나는 것이 있는가? 린드버그(Lindbergh) 부부는 아들을 구하기 위해 5만 달러를 지불했다. 워싱턴 주에서 목재 사업을 하는 거물 웨이어하우저(Weyerhauser) 부부는 아홉 살 난 아들을 풀어 달라고 20만 달러를 지불했다. 프랭크 시나트라(Frank

Sinatra)는 아들 프랭크 2세를 위해 24만 달러를 지불했다. 최근 출간된 국제 납치의 증가를 설명하는 책에 따르면 해마다 2만 명에서 3만 명가량 납치된다고 한다.¹ 납치범들은 인질을 풀어 주는 대가로 몸값을 대략 5천만 달러를 받아 낸다는 주장도 있다.²

그러나 그리스도께서는 우리의 목숨을 위해 돈을 지불하는 것 이상의 일을 하셨다. 그분은 우리를 죄의 속박에서 구원하시기 위해 자신의 목숨을 대속물로 주셨다(막 10:45).

인간은 하나님께로부터 분리되었고 길을 잃었다. 우리는 죄인이며 마귀의 손에 붙잡힌 포로였다. 예수님께서는 그런 우리를 다시 사기 위해 지불할 수 있는 최고의 몸값, 곧 자신의 생명을 주셨다. 우리가 원래 예수님의 것이기 때문이다. 그 대가는 십자가를 통해 **그분 자신의 목숨**으로 치러졌다. 예수님께서는 은이나 금이 아닌 피로 우리를 사셨다(행 20:28). 그럼 이제 우리가 할 일은 무엇일까?

아무것도 없다.

오직 하나님의 복음을 받아들이고, 그 복음을 믿고, 신앙을 갖기만 하면 된다. "하나님에게 의롭다는 인정을 받는 것이 율법이나 행위로 되는 일입니까? 아닙니다. 오직 믿음으로만 되는 일입니다."(롬 3:27, 현대인의 성경) 그리스도를 믿는 믿음은 우리를 변화시키고 새 사람이 되게 한다. 마르틴 루터가 말한 것처럼, 믿음은 "하나님의 은혜에 대한 생생하고 담대한 확신이며, 사람이 자신의 생명을 수천 번 걸고도 남을 만큼 견고한 확신이다."

믿음에 특별한 마법은 없다. 믿음은 그저 우리를 위해 그리스도께서 이루신 구원에 반응하는 것이다. 이제 우리는 하나님을 두려워하지 않고 대면할 수 있다. 하나님께서 직접 우리의 죄와 죄책의 대가를 지불하셨기 때문에 우리에게는 더 이상 죄가 없다. 종교적 의식과 행위로는 하나님 앞에 의롭게 설 수 없다. 더욱이 하나님께서는 우리가 그리스도께 나아온 후에 그런 것들에 매이는 것을 원하지 않으신다. 우리는 **완전히 사면되었고**, 우리의 죄도 함께 사라졌다. 우리는 자유를 얻으려 애쓰거나 계속해서 우리가 지은 죗값을 지불해야 하는 '가석방' 상태가 아니다.

"잠깐만요, 그렇다면 이제 마음대로 살면서 하나님의 율법을 순종하지 않아도 된다는 의미인가요?" 당신은 이렇게 물을지도 모른다. 그러나 완전 "그 반대입니다!"(롬 3:31, TLB 번역). 하나님께 사면받은 당신은 이제 새 사람이다. 마땅히 살아야 할 삶을 위해 매일 그리스도를 의지해야 한다. "오히려, 예수님을 믿을 때에만 비로소 그분을 진실로 순종할 수 있습니다"(롬 3:31, TLB 번역). '종교적인' 행위로는 그리스도를 믿을 수 없다. 믿음과 종교적인 자기 열심은 모순된다. 그리스도를 믿는 것은 종교적이지 **않은** 그리스도인이 되는 것이다.

우리가 잘 알듯 하나님께서는 항상 믿음을 통해 구원하셨다. 모세를 통해 율법을 주시기 전에 하나님께서는 아브라함을 부르셨고 그는 유대인의 조상이 되었다. 하나님께서는 그리스도가 오시기 2천 년 전에 살았던 아브라함을 찾으셨고, 그는 **믿음**으로 반응했다.

로마서 4장 1-25절

¹그런즉 육신으로 우리 조상인 아브라함이 무엇을 얻었다 하리요 ²만일 아브라함이 행위로써 의롭다 하심을 받았으면 자랑할 것이 있으려니와 하나님 앞에서는 없느니라 ³성경이 무엇을 말하느냐 아브라함이 하나님을 믿으매 그것이 그에게 의로 여겨진 바 되었느니라

⁴일하는 자에게는 그 삯이 은혜로 여겨지지 아니하고 보수로 여겨지거니와 ⁵일을 아니할지라도 경건하지 아니한 자를 의롭다 하시는 이를 믿는 자에게는 그의 믿음을 의로 여기시나니

⁶일한 것이 없이 하나님께 의로 여기심을 받는 사람의 복에 대하여 다윗이 말한 바 ⁷불법이 사함을 받고 죄가 가리어짐을 받는 사람들은 복이 있고 ⁸주께서 그 죄를 인정하지 아니하실 사람은 복이 있도다 함과 같으니라

⁹그런즉 이 복이 할례자에게냐 혹은 무할례자에게도냐 무릇 우리가 말하기를 아브라함에게는 그 믿음이 의로 여겨졌다 하노라 ¹⁰그런즉 그것이 어떻게 여겨졌느냐 할례시냐 무할례시냐 할례시가 아니요 무할례시니라

¹¹그가 할례의 표를 받은 것은 무할례시에 믿음으로 된 의를 인친 것이니 이는 무할례자로서 믿는 모든 자의 조상이 되어 그들도 의로 여기심을 얻게 하려 하심이라 ¹²또한 할례자의 조상이 되었나니 곧 할례 받을 자에게뿐 아니라 우리 조상 아브라함이 무할례시에 가졌던 믿음의 자취를 따르는 자들에게도 그러하니라

¹³아브라함이나 그 후손에게 세상의 상속자가 되리라고 하신 언약은 율법으로 말미암은 것이 아니요 오직 믿음의 의로 말미암은 것이니라 ¹⁴만일 율법에 속한 자들이 상속자이면 믿음은 헛것이 되고 약속은 파기되었느니라 ¹⁵율법은 진노를 이루게 하나니 율법이 없는 곳에는 범법도 없느니라

¹⁶그러므로 상속자가 되는 그것이 은혜에 속하기 위하여 믿음으로 되나니 이는 그 약속을 그 모든 후손에게 굳게 하려 하심이라 율법에 속한 자에게뿐만 아니라 아브라함의 믿음에 속한 자에게도 그러하니 아브라함은 우리 모든 사

람의 조상이라 [17]기록된 바 내가 너를 많은 민족의 조상으로 세웠다 하심과 같으니 그가 믿은 바 하나님은 죽은 자를 살리시며 없는 것을 있는 것으로 부르시는 이시니라
[18]아브라함이 바랄 수 없는 중에 바라고 믿었으니 이는 네 후손이 이같으리라 하신 말씀대로 많은 민족의 조상이 되게 하려 하심이라 [19]그가 백 세나 되어 자기 몸이 죽은 것 같고 사라의 태가 죽은 것 같음을 알고도 믿음이 약하여지지 아니하고
[20]믿음이 없어 하나님의 약속을 의심하지 않고 믿음으로 견고하여져서 하나님께 영광을 돌리며 [21]약속하신 그것을 또한 능히 이루실 줄을 확신하였으니 [22]그러므로 그것이 그에게 의로 여겨졌느니라
[23]그에게 의로 여겨졌다 기록된 것은 아브라함만 위한 것이 아니요 [24]의로 여기심을 받을 우리도 위함이니 곧 예수 우리 주를 죽은 자 가운데서 살리신 이를 믿는 자니라 [25]예수는 우리가 범죄한 것 때문에 내줌이 되고 또한 우리를 의롭다 하시기 위하여 살아나셨느니라

믿음은 행동으로 나타나야 한다

바울은 왜 갑자기 아브라함에 대한 이야기를 꺼냈을까? 그럴 만한 이유가 있다. 바울은 그리스도인이 된 유대인과 이방인에게 편지를 썼다. 그러면서 하나님 앞에서 의롭게 되는 핵심은 믿음이라고 주장했다. 하지만 만약 이 믿음이라는 개념이 하나님께서 구약에 드러내신 뜻과 조화를 이루지 않는다면 어떨까? 믿음의 중요성에 대한 성경적 근거가 없다면 유대인은 바울을 이단으로 몰아갈 수 있었다. 만약 행위로 의롭게

되고 하나님의 율법을 지킴으로 구원받을 수 있다면 기독교의 주장은 거짓이 될 것이다.

바울이 아브라함을 예로 선택한 것은 우연이 아니다. 아브라함은 이스라엘 민족의 아버지였다(창 17:1-8). 만약 다른 사람도 아니고 아브라함이 행위가 아닌 믿음으로 의롭게 된 것을 보여 줄 수 있다면 바울은 기독교의 믿음이 성경, 즉 구약에 견고히 뿌리내리고 있다는 그의 주장을 납득시킬 수 있을 것이다.

그래서 바울은 아브라함의 이야기를 통해 자신의 주장을 분명히 관철한다. 다시 로마서 4장 1-5절을 읽어 보라. 아브라함은 하나님을 믿었고, 그랬기 때문에 하나님께서는 그의 죄를 용서하시고 의롭다고 선언하셨다.[3]

로마서 4장에서 바울은 우리가 아브라함의 이야기를 읽고 스스로 결단하게 한다. 아브라함은 하나님의 부르심을 받아 고향을 떠났고 새 땅으로 들어가 이스라엘 민족의 조상이 되었다. 아브라함은 고향을 **떠났다**. 그들 부부가 아이를 낳을 수 있는 나이를 이미 넘겼음에도 그는 아내가 아이를 낳을 것이라는 말씀을 들었다. **아브라함은 믿었고**, 사라는 아들을 낳았다.

아브라함에게 이 모든 것은 믿음이었다. 그는 하나님을 믿고 순종했다. 그는 믿음을 가지고 이를 바탕으로 행동했다. 그냥 넋 놓고 누워서 아무 일도 하지 않은 것이 아니다. 믿음은 반응이자 행동이다. 신념(지적 동의)은 연구 대상이 될 수 있지만, 믿음은 행동으로 나타나야 한다.

아브라함이야말로 최고의 본보기다. 우리가 가진 믿음도 행동으로 나타나야 한다. 믿음은 단순히 아는 것에 그치지 않는다. 믿음은 새로운 길을 따라 사는 삶이며, 하나님께서 나타내신 뜻에 반응하는 것이다. 믿음은 실제적이다. 환상이 아니다. 믿음은 위기를 각오해야 함을 의미한다. 아브라함은 그가 갈 곳을 알지 못했지만 길을 떠났다.

닐 암스트롱(Neil Armstrong)이 달 착륙선에서 내려와 최초로 달 표면에 발을 디뎠을 때 한 유명한 말을 생각해 보라. "한 사람에게는 작은 한 걸음이지만, 인류에게는 커다란 도약이다."[4] 우주 비행사들은 신중한 계산에 의해 성공할 것이라 믿고 달로 향했다. 아브라함에게는 그보다 더 위대한 믿음이 있었다. **그에게는 자신이 성공할 것인지 가늠할 방법이 아예 없었다.** 그저 하나님의 말씀을 받아들였다. 그리고 신뢰하고 순종하는 마음으로 발을 디뎠다. 당신이 가진 믿음은 곧 당신이 보여 주는 믿음이다. 당신에게 믿음이 있다면 그 믿음은 반드시 행동으로 나타난다. 이에 대해서는 다음 장에서 함께 보자.

더 깊은 묵상

1. 로마서 3장 23-26절을 읽어 보라. 로마서 3장 23절을 에베소서 1장 7절, 골로새서 1장 14절, 히브리서 9장 12-15절과 비교해 보라. 그리스도인의 구원에 그리스도의 피가 얼마나 중요한지 당신의 말로 설명해 보라.

2. 로마서 3장 24절을 암송하라. 고린도후서 12장 9절과 빌립보서 4장 19절,

디도서 3장 5절을 묵상해 보라. 하나님의 은혜가 당신에게 어떤 의미로 다가오는지 짧게 써 보라.

3. 사도행전 13장 39절과 갈라디아서 3장 24절을 읽으라. 당신의 말로 이 말씀을 써 보고 '은혜로 의롭다 함을 받는 것'에 대한 정의를 써 보라.

4. 갈라디아서 3장 13절과 골로새서 1장 13-14절, 히브리서 9장 11-12절, 베드로전서 1장 18-19절 말씀을 비교해 보라. '구속'의 정의를 써 보고 사전적 의미와 비교해 보라. 구속받았다는 사실은 어떻게 당신을 믿음으로 나아가게 하고 하나님께 순종하게 하는가?

4장

당신의 믿음은
단지 '화재 보험'용인가?

구원받은 자, 곧 그리스도를 믿음으로 의롭게 된 우리에게는 영생이 보장된다. 하지만 이것이 전부일까? 기독교를 비판하는 사람들은 기독교가 결국 '그림의 떡'을 보여 줄 뿐이라고 비난한다. 때로 그리스도인들은 지옥불에 떨어지지 않기 위해 '화재 보험'용으로 구원을 받는다는 비난을 받기도 한다(어느 정도 일리가 있는 비난이다). 이런 그리스도인의 삶에는 진정으로 변화된 마음이 나타나지 않는다. 이런 질문은 어떤가? 그리스도인이 되면 우리 삶에서 **지금 당장** 이득과 결실을 얻을 수 있을까?

로마서 5장 1-11절

¹그러므로 우리가 믿음으로 의롭다 하심을 받았으니 우리 주 예수 그리스도로 말미암아 하나님과 화평을 누리자 ²또한 그로 말미암아 우리가 믿음으로 서 있는 이 은혜에 들어감을 얻었으며 하나님의 영광을 바라고 즐거워하느니라 ³다만 이뿐 아니라 우리가 환난 중에도 즐거워하나니 이는 환난은 인내를, ⁴인내는 연단을, 연단은 소망을 이루는 줄 앎이로다 ⁵소망이 우리를 부끄럽게 하지 아니함은 우리에게 주신 성령으로 말미암아 하나님의 사랑이 우리 마음에 부은 바 됨이니
⁶우리가 아직 연약할 때에 기약대로 그리스도께서 경건하지 않은 자를 위하여 죽으셨도다 ⁷의인을 위하여 죽는 자가 쉽지 않고 선인을 위하여 용감히 죽는 자가 혹 있거니와 ⁸우리가 아직 죄인 되었을 때에 그리스도께서 우리를 위하여 죽으심으로 하나님께서 우리에 대한 자기의 사랑을 확증하셨느니라 ⁹그러면 이제 우리가 그의 피로 말미암아 의롭다 하심을 받았으니 더욱 그로 말미암아 진노하심에서 구원을 받을 것이니 ¹⁰곧 우리가 원수 되었을 때에 그의 아들의 죽으심으로 말미암아 하나님과 화목하게 되었은즉 화목하게 된 자로서는 더욱 그의 살아나심으로 말미암아 구원을 받을 것이니라 ¹¹그뿐 아니라 이제 우리로 화목하게 하신 우리 주 예수 그리스도로 말미암아 하나님 안에서 또한 즐거워하느니라

참된 믿음은 실제적인 결과를 가져온다

대부분의 사람이 살면서 바라는 것은 무엇일까? 자신감, 평화, 사랑, 소망, 행복, 안전, 성취 등이 있을 것이다. 다른 말과 방식으로 표현할 수

있겠지만 사람들이 바라는 것은 대부분 같다. 방금 읽은 본문에서 바울은 그리스도인이 이 모든 것을 소유할 수 있다고 주장한다. 우리는 우리 주 예수 그리스도께서 우리를 위해 하신 일을(롬 5:1) 믿음으로 의롭다 여기심을 받고 하나님 보시기에 의로워짐으로써 하나님과 진정한 화평을 누리게 되었다. 덧붙여 믿음은 놀라운 실제적 결과를 세 가지 가져온다. 이제 우리는 새로운 잠재력, 새로운 능력, 그리고 새로운 친구를 얻었다.

1. 새로운 잠재력

이제 우리는 믿음으로 최고의 특권을 누리고, 하나님께서 우리를 위하여 계획하신 모습이 될 수 있다는 희망을 갖게 되었다(롬 5:2).

"듣던 중 반가운 소리군요. 그런데 어떻게 그럴 수 있죠?" 당신은 이렇게 물을 수 있다. 그 대답은 로마서 전반에 쓰여 있다. 즉 믿음을 가지고 하나님을 신뢰하며 그분께 순종하라. 하나님께서 이끄신다. 그러니 그분께 결정권을 드리라. 예를 들어, 잠재력을 백 퍼센트 발휘하기 위해 뛰어난 운동선수는 코치에게 훈련을 맡긴다. 자신의 명성을 이용해 예수님에 대한 믿음을 간증했던 세인트루이스 램스 미식축구 팀의 쿼터백 코치 커트 워너(Kurt Warner)는 코치의 말을 듣는 것에 대해 강조하며 이렇게 말했다. "코치는 그들이 하는 말을 듣고 그 말에 따르는 사람을 원한다. 때로는 코치가 하는 말이 틀렸다고 생각될 때도 있겠지만, 코치의 눈 밖에 나서 좋을 일은 하나도 없다. 항상 즉시 지시에 따르도록 애쓰라. 코치들은 한 번만 듣고도 제대로 해내는 선수를 좋아한다."[1]

2. 새로운 능력

바울은 그리스도인은 어려운 문제에 부딪혀도 즐거워할 수 있다고 말한다. 왜냐하면 그 어려움을 통해 인내를 배우기 때문이다(롬 5:3). 어려움 겪기를 좋아할 사람이 어디 있겠는가? 아무도 원하지 않지만 문제는 어쨌든 찾아온다.

하지만 바울은 이러한 문제를 우리를 좌절시키는 것이 아닌, 우리가 이용할 수 있는 것으로 본다. 문제는 우리에게 인내를 배울 기회를 주고, 인내는 성품을 연단한다. 우리의 믿음이 강해질 때까지 하나님을 신뢰하는 법을 점점 더 배운다(롬 5:4).

그럼 당신은 이렇게 말할 수 있다. "다 좋아요. 그런데 능력은 어디 있나요? 인내력와 힘을 어디서 얻을 수 있나요? 저는 참을성이 없고 어떨 때는 쉽게 낙심해요. 물론 하나님을 신뢰하고 싶은 마음에서 시작하지요. 시험 합격, 취직, 시합 우승, 마감일 엄수 등 제 문제들에 대해 기도하기도 합니다. 하지만 합격하지 못하고 실패하면 어떡하죠? 그저 저와 문제만 덩그러니 남으면 어떡하나요?"

그리스도인들에게 '나와 문제만 덩그러니 남는' 일은 절대로 없다. 하나님께서 그곳에 우리와 함께 계시기 때문이다. 무슨 일이 일어나든지, 우리는 모든 일이 잘 해결될 것이며 하나님께서 우리를 사랑하신다는 사실을 알 수 있다. 왜 그럴까? 성령님께서 우리 마음을 그분의 사랑으로 채우시기 때문이다. 우리는 우리 안에 임한 하나님의 사랑을 느낄 수 있다(롬 5:5).

여기서 로마서 최초로 성령님이 언급된다. 물론 이번 언급이 끝은 아니다. 성령님이야말로 종교에 매이지 않은 그리스도인이 되기 위해 꼭 필요한 열쇠다. 그리스도인이 **성령님께 의지한다면**, 모든 시험과 문제는 믿음과 자신감, 소망, 행복을 키우는 데 유용한 경험이 된다.

그렇다면 그리스도인은 어떻게 성령님께 의지할까? 다양한 방식이 있지만 당신이 시도해 보지 않은 하나가 있다. **아무것도 하지 않고 잠잠히 기다리는 것**이다.

수년간 미국 상원 목사로 섬긴 리처드 할버슨(Richard Halverson)은 다음과 같이 썼다.

뭔가를 하는 것이 오히려 문제를 키우고 어려움을 심화하며 혼란을 더하는 경우가 있다. 아무것도 하지 않는 것이 바로 전략이다. … 이는 의식적이고 긍정적이며 건설적인 전략이다. 흙탕물을 담은 잔을 가만히 두면 흙과 찌꺼기가 아래로 가라앉는다. 이렇게 물을 정화할 수 있다. … 그리고 이것이 혼란스러운 상황을 명료하게 하는 방법이다. 기다림은 사실에 초점을 맞추게 하고 그 사실을 균형 있게 보도록 도와준다.[2]

기다린다는 것은 어떤 문제를 해결하기 위해 아무것도 하지 않는 것을 의미하지 않는다. 우리 스스로의 힘으로 아무것도 하지 않고 기다리는 것은 우리가 성령님께 의지하고 있음을 보여 준다. 기다리고 생각하며 기도하면 성령님께서 당신의 마음속에 부어 주시는 하나님의 사랑을 느끼고, 내면에서 요동치는 물을 잠잠하게 할 수 있다. 한번 시도해 보고 어떤 효과가 나타나는지 보라.

그리스도를 믿는 믿음은 어려운 상황 속에서 견딜 수 있는 능력을 준다.

3. 새로운 친구

'살면서 바라는 것' 가운데 가장 위에 두고 싶은 것이 있다면, 그것은 두말할 것 없이 사랑이다. 우리는 누군가에게 소중한 존재가 되고 싶어 한다. 이는 절망스러운 삶과 의미 있는 삶 사이에 차이를 만들어 낼 수 있다.

그리스도인이라면 누군가가 자신을 돌보고 있음을 안다. 또 하나님께서 자신을 사랑하신다는 것도 안다. "우리가 아직 죄인 되었을 때에 그리스도께서 우리를 위하여 죽으심으로 하나님께서 우리에 대한 자기의 사랑을 확증하셨느니라"(롬 5:8).

그리스도인과 그의 믿음은 시련과 시험 앞에서 홀로 서 있는 것처럼 보일 수 있다. 작고 무의미해 보일 수도 있다. 하지만 우리는 하나님께서 돌보신다는 약속의 말씀을 가지고 있다. 바울이 표현한 것처럼 "그뿐 아니라 이제 우리로 화목하게 하신 우리 주 예수 그리스도로 말미암아 하나님 안에서 또한 즐거워"(롬 5:11)한다.

당신에게는 지옥불을 피하기 위한 화재 보험 이상의 믿음이 있는가? 있어야 한다. 그래야 마땅하다. 만약 그렇지 않다면, 어쩌면 당신은 기계적으로 신앙생활을 하거나, 혹은 '종교적인' 행위로 그리스도인이 되고자 애쓰고 있을지도 모른다.

로마서 5장에서 바울은 주제를 벗어나는 듯 보이지만, 이는 "우리가 아직 죄인 되었을 때에 그리스도께서 우리를 위하여 죽으심"(롬 5:8)에 대한 놀라운 개념을 확장하는 것으로 이해할 수 있다. 다음 본문에서 인간의 죄와 하나님의 자비하심에 대한 바울의 심오한 사상이 펼쳐진다.

로마서 5장 12-21절

¹²그러므로 한 사람으로 말미암아 죄가 세상에 들어오고 죄로 말미암아 사망이 들어왔나니 이와 같이 모든 사람이 죄를 지었으므로 사망이 모든 사람에게 이르렀느니라 ¹³죄가 율법 있기 전에도 세상에 있었으나 율법이 없었을 때에는 죄를 죄로 여기지 아니하였느니라 ¹⁴그러나 아담으로부터 모세까지 아담의 범죄와 같은 죄를 짓지 아니한 자들까지도 사망이 왕 노릇 하였나니 아담은 오실 자의 모형이라 ¹⁵그러나 이 은사는 그 범죄와 같지 아니하니 곧

한 사람의 범죄를 인하여 많은 사람이 죽었은즉 더욱 하나님의 은혜와 또한 한 사람 예수 그리스도의 은혜로 말미암은 선물은 많은 사람에게 넘쳤느니라 [16]또 이 선물은 범죄한 한 사람으로 말미암은 것과 같지 아니하니 심판은 한 사람으로 말미암아 정죄에 이르렀으나 은사는 많은 범죄로 말미암아 의롭다 하심에 이름이니라 [17]한 사람의 범죄로 말미암아 사망이 그 한 사람을 통하여 왕 노릇 하였은즉 더욱 은혜와 의의 선물을 넘치게 받는 자들은 한 분 예수 그리스도를 통하여 생명 안에서 왕 노릇 하리로다 [18]그런즉 한 범죄로 많은 사람이 정죄에 이른 것 같이 한 의로운 행위로 말미암아 많은 사람이 의롭다 하심을 받아 생명에 이르렀느니라 [19]한 사람이 순종하지 아니함으로 많은 사람이 죄인 된 것 같이 한 사람이 순종하심으로 많은 사람이 의인이 되리라 [20]율법이 들어온 것은 범죄를 더하게 하려 함이라 그러나 죄가 더한 곳에 은혜가 더욱 넘쳤나니 [21]이는 죄가 사망 안에서 왕 노릇 한 것 같이 은혜도 또한 의로 말미암아 왕 노릇 하여 우리 주 예수 그리스도로 말미암아 영생에 이르게 하려 함이라

아담과 그리스도의 엄청난 차이

아담이 죄를 지었기 때문에 우리 모두도 죄를 지었다는 로마서 5장 12-21절 말씀을 설명하기 위해 학자들은 많은 글을 써 왔다. 하지만 이건 불공평하지 않은가? 우리는 거기에 있지도 않았다. 그때 일어난 일에 우리는 연루되지 않았다. 그런데 어떻게 바울은 아담이 죄를 지었을 때, 모든 사람이 죄를 지었다고 말하는 것일까?

그 해답의 요점은 우리 모두가 인류의 구성원이라는 사실(신학자들을 이를 '연대'라고 부른다.)에 기초한다. 최초의 인간인 아담은 우리의 대표자였고 그가 한 행동은 우리 모두에게 영향을 미쳤다. 하나님께서 보시기에, 우리 모두는 죄인이 되었다.[3] 아담의 죄를 물려받은 것에 더해, 우리는 그의 죄성도 물려받았다. 아무리 선한 일을 많이 해도(실제로도 많이 하지만), 누구도 하나님을 완전히 만족시킬 수는 없다. 아담의 불순종으로 인해, 그와 그의 모든 후손은 죽음과 심판을 맞게 되었다. 그러나 아담 한 사람이 그의 죄를 통해 이 세상에 죽음을 들여왔듯이, 예수 그리스도라는 또 다른 분께서 하나님의 은혜를 통해 용서를 들여오셨다. 다음의 그림으로 이 내용을 요약할 수 있다.

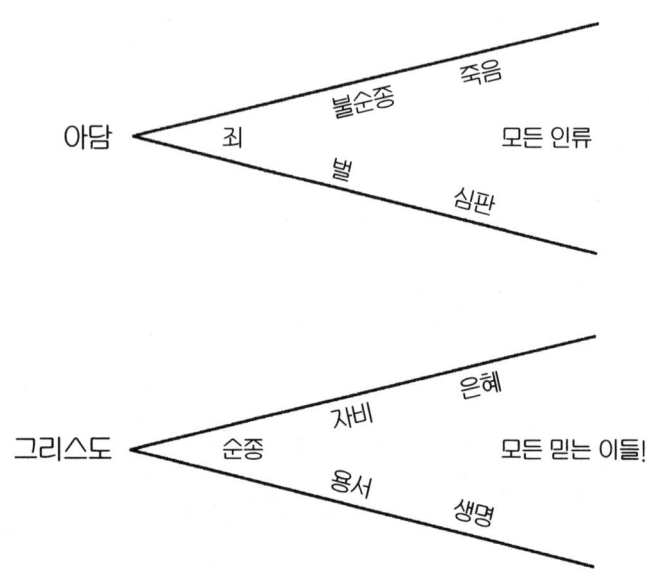

더 깊은 묵상

1. 로마서 5장 2절을 에베소서 3장 16-21절과 비교해 보라. 어떻게 하나님의 마음에 합한 사람이 될 수 있겠는가?

2. 로마서 5장 2절을 암송하라. 그리스도께서 당신을 구원하셨음을 아는 것이 당신의 삶에 매일 어떤 영향을 미치는가?

3. 로마서 5장 12-21절을 다시 읽어 보라. 아담의 선택이 인류에게 미친 영향을 나열해 보고 예수님의 순종은 그것을 어떻게 회복시켰는지 써 보라.

4. 로마서 5장 21절을 묵상하라. 하나님께서 놀라운 은혜로 당신의 삶을 다스리시고, 그분과 함께 의롭게 설 수 있으며, 영생을 약속받았음에 감사하라.

5장

당신은 누구의 종인가?

"아니요, 저는 누구의 종도 아닙니다. 믿음이 저를 자유롭게 해요!"

맞는 말이다, 어느 정도는. 그리스도인은 죄로 인한 대가로부터 해방되었다. 사실, 이제 더는 죄 때문에 겪는 어려움이 없어야 한다.

"잠깐만요. 너무 성급하시네요. 저는 죄 때문에 어려움을 겪고 있어요. 사실 그리스도인이 되기 전보다 더 죄의 문제에 시달린다고요."

그렇다. 이것도 맞는 말이다. 바울도 같은 경험을 했다. 그래서 바울은 로마서 6장에 그리스도인이 일상에서 겪는 죄에 대해 기록했다. 그리고 앞에서 이미 '믿음으로 의롭게 되는 것'을 설명했다. 이제 종교적으로 애쓰는 사람과 하나님을 신뢰하는 사람을 구분하는 주제로 넘어간다. 바로 성화다. 뭔가 엄청나게 경건한 사람에게나 어울리는 말처럼 들린다. 성화란 무엇일까? 바울은 단순히 종교 행위만으로는 성장하는 행복한 그리스도인이 될 수 없다고 말한다. 한낱 종교로는 충분하지 않다.

로마서 6장 1-23절

¹그런즉 우리가 무슨 말을 하리요 은혜를 더하게 하려고 죄에 거하겠느냐 ²그럴 수 없느니라 죄에 대하여 죽은 우리가 어찌 그 가운데 더 살리요 ³무릇 그리스도 예수와 합하여 세례를 받은 우리는 그의 죽으심과 합하여 세례를 받은 줄을 알지 못하느냐 ⁴그러므로 우리가 그의 죽으심과 합하여 세례를 받음으로 그와 함께 장사되었나니 이는 아버지의 영광으로 말미암아 그리스도를 죽은 자 가운데서 살리심과 같이 우리로 또한 새 생명 가운데서 행하게 하려 함이라

⁵만일 우리가 그의 죽으심과 같은 모양으로 연합한 자가 되었으면 또한 그의 부활과 같은 모양으로 연합한 자도 되리라 ⁶우리가 알거니와 우리의 옛 사람이 예수와 함께 십자가에 못 박힌 것은 죄의 몸이 죽어 다시는 우리가 죄에게 종 노릇 하지 아니하려 함이니 ⁷이는 죽은 자가 죄에서 벗어나 의롭다 하심을 얻었음이라 ⁸만일 우리가 그리스도와 함께 죽었으면 또한 그와 함께 살 줄을 믿노니 ⁹이는 그리스도께서 죽은 자 가운데서 살아나셨으매 다시 죽지 아니하시고 사망이 다시 그를 주장하지 못할 줄을 앎이로라 ¹⁰그가 죽으심은 죄에 대하여 단번에 죽으심이요 그가 살아 계심은 하나님께 대하여 살아 계심이니 ¹¹이와 같이 너희도 너희 자신을 죄에 대하여는 죽은 자요 그리스도 예수 안에서 하나님께 대하여는 살아 있는 자로 여길지어다

¹²그러므로 너희는 죄가 너희 죽을 몸을 지배하지 못하게 하여 몸의 사욕에 순종하지 말고 ¹³또한 너희 지체를 불의의 무기로 죄에게 내주지 말고 오직 너희 자신을 죽은 자 가운데서 다시 살아난 자 같이 하나님께 드리며 너희 지체를 의의 무기로 하나님께 드리라 ¹⁴죄가 너희를 주장하지 못하리니 이는 너희가 법 아래에 있지 아니하고 은혜 아래에 있음이라

¹⁵그런즉 어찌하리요 우리가 법 아래에 있지 아니하고 은혜 아래에 있으니 죄를 지으리요 그럴 수 없느니라 ¹⁶너희 자신을 종으로 내주어 누구에게 순종하든지 그 순종함을 받는 자의 종이 되는 줄을 너희가 알지 못하느냐 혹은 죄의 종으로 사망에 이르고 혹은 순종의 종으로 의에 이르느니라 ¹⁷하나님께 감사하리로다 너희가 본래 죄의 종이더니 너희에게 전하여 준 바 교훈의 본을 마음으로 순종하여 ¹⁸죄로부터 해방되어 의에게 종이 되었느니라

¹⁹너희 육신이 연약하므로 내가 사람의 예대로 말하노니 전에 너희가 너희 지체를 부정과 불법에 내주어 불법에 이른 것 같이 이제는 너희 지체를 의에게 종으로 내주어 거룩함에 이르라

²⁰너희가 죄의 종이 되었을 때에는 의에 대하여 자유로웠느니라 ²¹너희가 그 때에 무슨 열매를 얻었느냐 이제는 너희가 그 일을 부끄러워하나니 이는 그 마지막이 사망임이라 ²²그러나 이제는 너희가 죄로부터 해방되고 하나님께 종이 되어 거룩함에 이르는 열매를 맺었으니 그 마지막은 영생이라 ²³죄의 삯은 사망이요 하나님의 은사는 그리스도 예수 우리 주 안에 있는 영생이니라

우리는 우리가 하는 선택에 속한다

"완벽할 수 없잖아요. 죄 좀 짓는 게 어때서요? 하나님께서 용서해 주실 거예요."

한 번이라도 이런 생각을 해 본 적 있는가? 이러한 발상은 그리스도인이 빠지는 전형적인 함정이다. 그리스도인이라면 누구나 알겠지만, '구원받았다'고 해서 모든 죄의 문제가 해결되지는 않는다. 바울이 로마서 3장과 4장에서 설명한 것처럼, 당신은 **죄의 대가**와 **죄책**에서 구원받았고, '믿음으로 의롭다 함'을 받았다. 하지만 죄의 **능력**은 여전히 남아서 우리를 꾀고 유혹한다. 그렇다면 결론은 '실수를 인정하라'는 것이다. 우리는 언제나 "우리가 우리 죄를 자백하면 그는 미쁘시고 의로우사 우리 죄를 사하시며"라는 요한일서 1장 9절 말씀을 따를 수 있다. 하나님은 신실하시다. 하나님은 우리를 용서하시며 깨끗하게 하신다. 하지만 이것은 곧 일종의 게임이 되어 버린다. 당신은 이 게임에서 절대로 이길 수 없고 마음도 불편하다.

"은혜를 더하려고 계속 죄를 지어야 하는가?"라는 질문에 바울은 "그럴 수 없다!"라고 간단히 답한다. 그러고 나서 더 좋은 소식, 예수님에 대한 복음을 전한다. 그것은 바로 우리가 그리스도인이 될 때 우리를 지배하던 죄의 권세가 끊어졌기 때문에 우리는 더 이상 죄를 짓지 않아도 된다는 것이다.

죄의 권세가 끊어졌다니? 그런 것 같지 않다. 왜 그리스도인들은 여전히 많은 죄의 유혹에 시달리고 계속해서 죄를 지을까?

바울은 로마서 6장에서 더 깊이 들어간다. 그는 그리스도인이 되면 일어나는 일을 마치 그림을 그리듯 보여 준다. 그리스도인은 그리스도와 연합하는데, 그래서 비유적으로 그들은 그리스도께서 십자가에서 돌아가셨을 때 함께 '죽었다'. 그리고 그리스도께서 무덤에서 부활하신 것처럼 그들도 부활한다.

이해하기 어려운가? 그럴 수 있다. 하지만 이것은 '종교'와 기독교를 구분하는 또 다른 핵심 열쇠다. 그리스도인은 단순히 그리스도의 위대한 가르침을 따르는 자가 아니라 그리스도와 연합하여 인격적인 관계를 맺은 사람이다. 그래서 바울은 로마서 6장 6절에서 "우리가 알거니와 우리의 옛 사람이 예수와 함께 십자가에 못 박힌 것은 죄의 몸이 죽어 다시는 우리가 죄에게 종 노릇 하지 아니하려 함이니"라고 말한다.

"제 악한 욕망이 십자가에 못 박혔다고요? 죄 짓기 좋아하는 부분이 무력해졌다고요? 제가 보기에는 그래 보이지 않는걸요…."

어쩌면 그렇지 않을 수도 있다. 하지만 이 본문의 열쇠는 그리스도인이 되면 일어나는 과정을 바울이 그림처럼 묘사하고 있음을 기억하는 것이다. **당신이 그 그림을 보는 방식에 따라 의미는 달라진다.**

이런 관점으로 들여다보자. 바울은 그리스도인이 된다는 것은 그리스도를 따르는 것뿐 아니라 '**그분과 동일시된다**', 곧 '**그분과 연합하게 된다**'는 의미라고 말한다. 죽음과 부활로 죄의 권세를 이기신 것처럼, 그리스도께서는 우리 모두에게 남아 있는 오래된 죄성에도 일격을 가하셨다.

여기서 관건은, 우리가 이 십자가에서의 일격을 우리에게 유리한 쪽으로 받아들일 것인지 아니면 여전히 혼자서 전투를 벌일 것인지에 있다. 이것이 역설이다. 그리스도께서는 우리 삶에 강제로 개입하지 않으신다. 그분은 들어오셔서 "이제 내가 대장이다. 이제부터 내 방식대로 하지 않으면 넌 끝장이야."라고 협박하지 않으신다. 그분은 우리에게 선택권을 주신다. 우리는 이제 죄의 권세 아래 있지는 않지만, 로봇도 아니다. (로봇은 유혹을 받지 않지만 사랑과 기쁨, 평화, 만족감을 느끼지도 않는다.)

그래서 바울은 우리가 우리의 오랜 죄성을 죽은 것으로 '간주'해야 한다고 말한다. 다시 말해, 우리는 '죄의 송곳니가 완전히 뽑혔다'는 사실과 우리 주 예수 그리스도를 통해 하나님께 대해서는 살아 있고 깨어 있다는 사실을 **진심으로 믿어야 한다.**

바울은 그리스도인이 더 이상 유혹을 받지 않고, 죄에 휘둘리지 않으며, 구원이라는 플라스틱 코팅제로 싸여 보호받는다고 단 한 번도 주장하지 않았다. 바울이 한 말의 의미는 유혹은 여전히 남아 있지만, **이제 우리에게 죄로 향하는 길이 유일한 대안은 아니라는 것**이다. 또 다른 길이 열렸다. 그 길은 예수 그리스도께 순종하는 길이다. 선택권은 우리에게 있다.

선택은 언제나 삶의 한 부분이다. 그리고 우리가 하는 모든 선택은 결국 죄를 향하거나 그리스도를 향한다. 중간은 없다. 우리는 항상 같은 자리에 멈춰 있지 않고 언제나 움직인다.

그리고 우리는 우리가 순종하는 대상을 닮아 간다. 죄를 섬기면, 짜증, 환멸, 복음에 대한 냉소적인 마음이 따른다. 하지만 그리스도를 섬기면, 그분께서 우리의 삶을 빚어 가신다. 우리가 헌신하겠다고 선택한 존재가 우리를 사로잡고 지배할 것이며, 우리는 그의 종이 될 것이다. **우리는 우리가 속한 존재를 닮아 간다!**

그래서 우리는 두 주인 중 하나를 선택한다. 즉, 하나님을 섬기거나 죄를 섬긴다. 어떤 사람은 '죄를 조금만' 지으면서, 여전히 자신이 습관이나 행위의 주인이라고 생각한다. 하지만 세상은 그렇게 만만하지 않다. 우리가 죄를 지배하는 것이 아니라 죄가 우리를 지배한다. **우리는 우리가 선택한 힘에 속한다.** 우리가 믿음으로 그리스도를 받아들인다 해도 그분을 향한 믿음이 지속적이고 진실하지 않으면 죄는 여전히 우리 삶을 지배할 것이다.

성화에는 세 가지 측면이 있다. 확정적 성화, 점진적 성화, 그리고 완전한 성화다.

확정적 성화는 모든 신자가 구원을 받음으로써 하나님께서 성취하신 혜택을 함께 누린다는 점에서 '성화됨'을 의미한다. 이것은 우리가 그리스도와 연합함으로 하나님과 관계를 맺는다는 뜻이다.[1] 이에 대해 바울은 심지어 성적 죄악 속에 살고 있던 고린도 교회 사람들도 그리스도께서 그들을 위해서 하신 일을 통해 성화되고, 거룩하게 되었다고 말한다(고전 6:11).

완전한 성화란 천국, 다시 말해 그리스도와 함께하는 우리의 영생을 의미한다. 다른 말로는 영화라고 하는데 그리스도께서 다시 오실 때 그분과 같이 영광스럽게 되는 것을 말한다(요일 3:1-3).

하지만 로마서 6장에서 바울이 직접적으로 다루는 것은 바로 점진적 성화다. 점진적 성화는 실제로 우리가 일상에서 죄를 이겨 내는 것을 의미한다.

우리는 '성화'를 신학적 용어로 다음과 같이 깔끔하게 정의할 수 있다. 성화는 "하나님의 뜻에 따라 거룩하게 살아감으로써 하나님께 사용될 수 있도록 구별되는 것"이다.² 이 정의를 구체적으로 풀어 보면 더 많은 의미가 담겨 있다. 곧 성화는 "그리스도께서 우리 삶에 진정한 변화를 가져올 수 있게 맡기는 것"이다. 그리고 진정한 변화가 일어나는 유일한 방법은 우리에게 주어진 자유로 우리의 주인을 선택하는 것이다. 선택의 여지가 없다면 우리의 성화는 생명력 없고 기계적인 과정에 불과했을 것이다. 하지만 하나님께서는 컴퓨터를 원하지 않으신다. 하나님께서는 자신이 예수 그리스도를 통해 죄에 대해서는 죽고 하나님께 대해서는 살았다고 여기는 그리스도인을 원하신다.

당신은 누구의 종인가? 로마서 6장 11절을 다시 보라. **당신이 진정한 그리스도인의 삶을 어떻게 바라보는가에 모든 것이 달려 있다.** '종교적인' 것은 아무 도움이 되지 않는다. 당신은 그리스도와 연합했지만 여전히 죄와 순종 중에 선택할 수 있다. **당신은 당신이 선택하는 것에 속한다.**

바울은 그리스도인으로 살아가는 것이 그리스도와 인격적 관계를 맺는 것임을 보여 주는 것에서 이야기를 끝내지 않는다. 로마서 7장 1-14절에서 바울은 그리스도인과 주님의 관계를 설명하기 위해 결혼을 예로 든다. 그리스도인은 죄에 대해 죽었고 죄와의 계약을 끝냈기 때문에 더 이상 율법과 결혼한 상태가 아니다. 그는 이제 그리스도와 결혼했다.

로마서 7장 1-14절

¹형제들아 내가 법 아는 자들에게 말하노니 너희는 그 법이 사람이 살 동안만 그를 주관하는 줄 알지 못하느냐 ²남편 있는 여인이 그 남편 생전에는 법으로 그에게 매인 바 되나 만일 그 남편이 죽으면 남편의 법에서 벗어나느니라 ³그러므로 만일 그 남편 생전에 다른 남자에게 가면 음녀라 그러나 만일 남편이 죽으면 그 법에서 자유롭게 되나니 다른 남자에게 갈지라도 음녀가 되지 아니하느니라
⁴그러므로 내 형제들아 너희도 그리스도의 몸으로 말미암아 율법에 대하여 죽임을 당하였으니 이는 다른 이 곧 죽은 자 가운데서 살아나신 이에게 가서 우리가 하나님을 위하여 열매를 맺게 하려 함이라 ⁵우리가 육신에 있을 때에는 율법으로 말미암는 죄의 정욕이 우리 지체 중에 역사하여 우리로 사망을 위하여 열매를 맺게 하였더니 ⁶이제는 우리가 얽매였던 것에 대하여 죽었으므로 율법에서 벗어났으니 이러므로 우리가 영의 새로운 것으로 섬길 것이요 율법 조문의 묵은 것으로 아니할지니라
⁷그런즉 우리가 무슨 말을 하리요 율법이 죄냐 그럴 수 없느니라 율법으로 말미암지 않고는 내가 죄를 알지 못하였으니 곧 율법이 탐내지 말라 하지 아니하였더라면 내가 탐심을 알지 못하였으리라 ⁸그러나 죄가 기회를 타서 계명으로 말미암아 내 속에서 온갖 탐심을 이루었나니 이는 율법이 없으면 죄가 죽은 것임이라
⁹전에 율법을 깨닫지 못했을 때에는 내가 살았더니 계명이 이르매 죄는 살아나고 나는 죽었도다 ¹⁰생명에 이르게 할 그 계명이 내게 대하여 도리어 사망에 이르게 하는 것이 되었도다 ¹¹죄가 기회를 타서 계명으로 말미암아 나를 속이고 그것으로 나를 죽였는지라 ¹²이로 보건대 율법은 거룩하고 계명도 거룩하고 의로우며 선하도다
¹³그런즉 선한 것이 내게 사망이 되었느냐 그럴 수 없느니라 오직 죄가 죄로 드러나기 위하여 선한 그것으로 말미암아 나를 죽게 만들었으니 이는 계명으

로 말미암아 죄로 심히 죄 되게 하려 함이라 ¹⁴우리가 율법은 신령한 줄 알거니와 나는 육신에 속하여 죄 아래에 팔렸도다

율법이 문제가 아니다

바울은 바로 여기에서 한 가지 요점을 명확히 한다. 그는 그리스도인이 더 이상 율법과 결혼한 상태가 아니라고 말한다. 그리스도인은 율법에 대해서 이미 **죽었다**. 그리고 이제 그리스도와 연합했다. 하지만 그렇다고 이것이 율법을 악한 것으로 생각하라는 말은 아니다. 우리의 진짜 적은 하나님의 선한 율법을 자신의 악한 목적으로 이용하는 지긋지긋한 죄악들이다.

문제는 율법에 있지 않고 자기 자신에게 있음을 바울은 알았다. 편지의 다음 부분에서 그는 이에 대해 설명한다.

더 깊은 묵상

1. 로마서 6장 1-11절을 에베소서 4장 20-32절과 골로새서 3장 1-17절과 비교해 보라. 죄에 대해서 죽고 하나님께 대해서 살아 있는 것은 어떤 의미인가?

2. 로마서 6장 19-23절을 복습하라. 하나님의 종이 되는 것에 대해 어떻게 생각하는가? 이 생각을 요한복음 8장 32절에 어떻게 접목할 수 있겠는가?

3. 왜 그리스도께서는 그리스도인들에게 죄에 굴복할지 아니면 그분을 따를지 선택권을 주시는가? 왜 하나님은 그리스도인들을 완전히 통제하셔서 아예 죄를 짓지 못하게 하지 않으시는가?

4. 로마서 6장 16절을 암송하라. 당신이 죄를 지배하는 것이 아니라 죄가 당신을 지배한다는 말에 동의하는가? 이를 뒷받침해 줄 경험이 있는가?

6장

성령님 vs. 나 자신
어떻게 내면의 전쟁에서 승리하는가?

　로마서 6장은 그리스도인의 삶에 나타나는 죄의 문제를 다루는 좋은 도입부였다. 하지만 알고 싶은 것이 더 있을 것이다. 당신이 가진 문제는 무엇인가? 혈기, 조급함, 자기 통제, 성적 욕망, 정직하지 못함, 세속적인 생각, 교만, 게으름, 자기중심적 사고? 누구나 털면 먼지가 나오고 그 먼지를 언제나 꽁꽁 숨길 수는 없다. 우리는 잘하고 싶지만 잘못된 행동을 한다. 순종하고 싶지만 죄를 선택하고 만다. 어떨 때는 스스로 이중인격자가 틀림없어 보인다. 말 그대로 '걸어 다니는 전쟁터'다. 만약 여기에 해당한다면 계속 읽어 나가라. 바울도 같은 내적 전쟁을 치렀다.

로마서 7장 15-25절

¹⁵내가 행하는 것을 내가 알지 못하노니 곧 내가 원하는 것은 행하지 아니하고 도리어 미워하는 것을 행함이라 ¹⁶만일 내가 원하지 아니하는 그것을 행하면 내가 이로써 율법이 선한 것을 시인하노니 ¹⁷이제는 그것을 행하는 자가 내가 아니요 내 속에 거하는 죄니라

¹⁸내 속 곧 내 육신에 선한 것이 거하지 아니하는 줄을 아노니 원함은 내게 있으나 선을 행하는 것은 없노라 ¹⁹내가 원하는 바 선은 행하지 아니하고 도리어 원하지 아니하는 바 악을 행하는도다 ²⁰만일 내가 원하지 아니하는 그것을 하면 이를 행하는 자는 내가 아니요 내 속에 거하는 죄니라

²¹그러므로 내가 한 법을 깨달았노니 곧 선을 행하기 원하는 나에게 악이 함께 있는 것이로다 ²²내 속사람으로는 하나님의 법을 즐거워하되 ²³내 지체 속에서 한 다른 법이 내 마음의 법과 싸워 내 지체 속에 있는 죄의 법으로 나를 사로잡는 것을 보는도다 ²⁴오호라 나는 곤고한 사람이로다 이 사망의 몸에서 누가 나를 건져내랴 ²⁵우리 주 예수 그리스도로 말미암아 하나님께 감사하리로다 그런즉 내 자신이 마음으로는 하나님의 법을 육신으로는 죄의 법을 섬기노라

이 혼란에서 어떻게 벗어날까?

바울이 겪은 내적 싸움이 당신에게도 익숙한가? 우리 모두는 무엇이 옳은지 알지만 실천하지 못할 때 절망감을 경험한다. 그리스도인은 이런 경험을 하면 안 될 것 같지만, 로마서 7장 15-24절은 우리 모두가 빠지는 악순환의 고리를 정확하게 그려 낸다.

그러니 우리 모두 솔직해지자. '그리스도 안에서의 새로운 삶'은 결코 쉬운 일이 아니다.

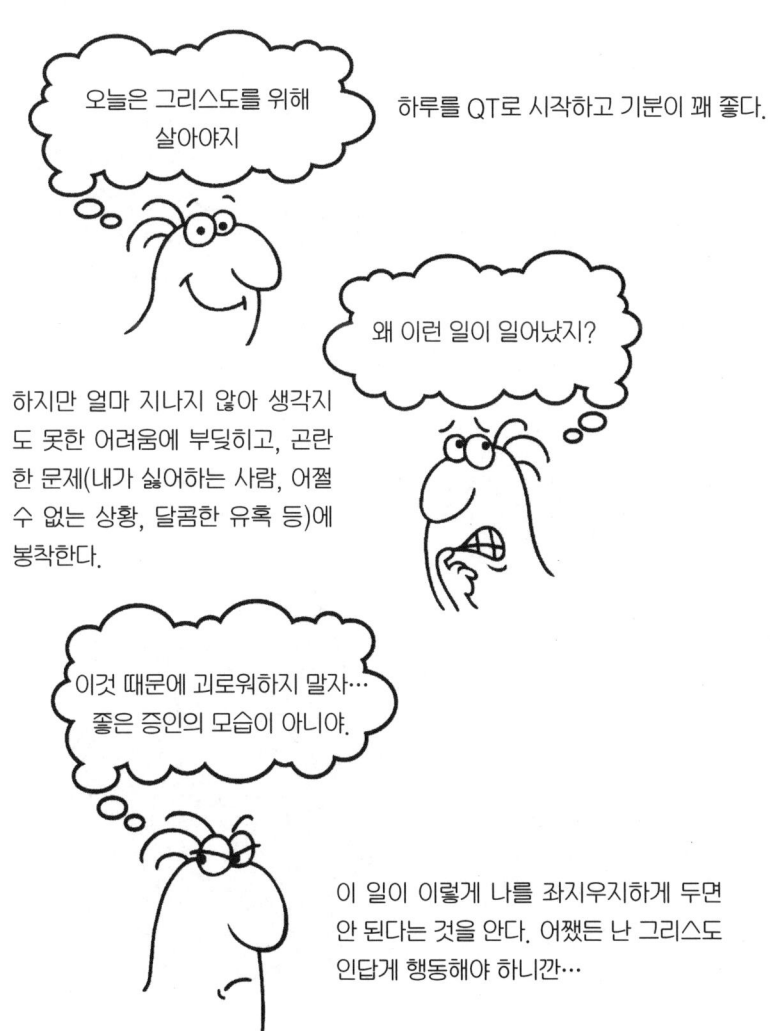

하지만 어디를 돌아봐도,
아무리 열심히 노력해도…

> 이것 때문에
> 괴로워하지 않을 거야…
> 절대… 절대…

악!! 또 실패했어!
이 엉망진창에서 어떻게 빠져나가지?

허둥대고, 또 실패하고, 혼란스러워.
난 죄의 노예야….

이 혼란스러운 상황에서
어떻게 빠져나가지?
나는 그리스도인인데
왜 이런 문제를 이겨 낼 수
없는 걸까?

우리는 죄인으로 그리스도께 나아왔고 하나님의 놀라운 은혜로 구원을 받았다. 우리는 하나님 앞에서 용서받고 의롭게 되었다. **하지만 우리가 믿은 후에도 우리는 여전히 죄인이다.** 바울은 이 사실을 깨닫고 다음과 같이 고백했다. "내 속 곧 내 육신에 선한 것이 거하지 아니하는 줄을 아노니"(롬 7:18).

한 가지 분명한 것은, 우리의 힘으로는 선한 일을 할 수 없다는 것이다. 도저히 해낼 수가 없다. 황금률이든 뭐든 규칙을 안다고 해서 순종하게 되는 것은 아니다. 우리는 계속해서 죄라는 덫에 **빠지는데**, 이는 **우리가 죄를 선택하기 때문이다.** 오래된 본성이 여전히 모든 그리스도인 안에 있고 새 본성에게 자리를 빼앗기지 않으려고 애쓴다. '평화로운 공존'은 없다. 진실로, 그리스도인은 '걸어 다니는 전쟁터' 그 자체다.

바울은 이 전쟁에서 이기는 비법을 가지고 있다. 먼저 누가 싸우는지 이해해야 하고, 훌륭한 군사 전략이 필요하다. 다음이 바울의 전술이다.

로마서 8장 1-17절

[1]그러므로 이제 그리스도 예수 안에 있는 자에게는 결코 정죄함이 없나니 [2]이는 그리스도 예수 안에 있는 생명의 성령의 법이 죄와 사망의 법에서 너를 해방하였음이라 [3]율법이 육신으로 말미암아 연약하여 할 수 없는 그것을 하나님은 하시나니 곧 죄로 말미암아 자기 아들을 죄 있는 육신의 모양으로 보내어 육신에 죄를 정하사 [4]육신을 따르지 않고 그 영을 따라 행하는 우리에게 율법의 요구가 이루어지게 하려 하심이니라

⁵육신을 따르는 자는 육신의 일을, 영을 따르는 자는 영의 일을 생각하나니 ⁶ 육신의 생각은 사망이요 영의 생각은 생명과 평안이니라 ⁷육신의 생각은 하나님과 원수가 되나니 이는 하나님의 법에 굴복하지 아니할 뿐 아니라 할 수도 없음이라 ⁸육신에 있는 자들은 하나님을 기쁘시게 할 수 없느니라
⁹만일 너희 속에 하나님의 영이 거하시면 너희가 육신에 있지 아니하고 영에 있나니 누구든지 그리스도의 영이 없으면 그리스도의 사람이 아니라 ¹⁰또 그리스도께서 너희 안에 계시면 몸은 죄로 말미암아 죽은 것이나 영은 의로 말미암아 살아 있는 것이니라 ¹¹예수를 죽은 자 가운데서 살리신 이의 영이 너희 안에 거하시면 그리스도 예수를 죽은 자 가운데서 살리신 이가 너희 안에 거하시는 그의 영으로 말미암아 너희 죽을 몸도 살리시리라
¹²그러므로 형제들아 우리가 빚진 자로되 육신에게 져서 육신대로 살 것이 아니니라 ¹³너희가 육신대로 살면 반드시 죽을 것이로되 영으로써 몸의 행실을 죽이면 살리니 ¹⁴무릇 하나님의 영으로 인도함을 받는 사람은 곧 하나님의 아들이라
¹⁵너희는 다시 무서워하는 종의 영을 받지 아니하고 양자의 영을 받았으므로 우리가 아빠 아버지라고 부르짖느니라 ¹⁶성령이 친히 우리의 영과 더불어 우리가 하나님의 자녀인 것을 증언하시나니 ¹⁷자녀이면 또한 상속자 곧 하나님의 상속자요 그리스도와 함께 한 상속자니 우리가 그와 함께 영광을 받기 위하여 고난도 함께 받아야 할 것이니라

전쟁에서 이기려면 극단적 조치가 필요하다

자, 우리에게는 '성령님이 계시다'는 말을 전에도 들어 보았을 것이다. 아주 멋지고 편안한 '영적' 생각이다.

그런데 이 말은 무엇을 의미할까? 바울은 "생명의 성령의 법"이 "죄와 사망의 법"에서 우리를 해방시켰다고 말한다(롬 8:2).

바울이 무슨 말을 하고 있는가? 방금 전에 자기는 기준에 미치지 못하고, 율법이 아무리 선한 것이라도 그 율법을 따르지 못한다고 고백하지 않았는가? 그렇다, 그것이 바로 요점이다. 우리가 율법을 따르려고 노력할 때, 우리는 하나님을 위해 뭔가를 하려고 애쓴다. 하지만 우리가 성령님을 따를 때(롬 8:4-5), **우리는 하나님께서 우리를 위해 행하시도록 주도권을 넘겨드린다.**

일부 그리스도인이 실패하는 이유는 자신 안에 성령님이 계시다는 것조차 모르기 때문이다. 하지만 더 많은 경우, 성령님이 안에 계시다는 사실을 그들의 삶과 실제적으로 아무런 관련이 없는 하나의 멋진 생각, 혹은 진부한 신학적 표현쯤으로 받아들이기 때문에 실패한다.

하지만 성령님은 단순한 하나의 개념이 아니시다. 그분은 하나의 인격이시며 하나님의 영이시고 분명히 당신의 삶에 연관되어 있다. 특히 당신이 '종교적인' 삶을 떠나 그리스도인의 삶을 살고 싶다면 말이다.

이렇게 생각해 보라. 당신이 그리스도인이라면, 내면에서 벌어지는 전쟁의 승패가 당신 손에 달려 있다. 당신은 계속해서 죄와 순종 사이에서 선택해야 한다. 선택을 해야 한다는 것, 즉 당신이 관심을 기울이고 있음을 안다는 사실이 내면에서 벌어지는 전쟁에서 이기고 싶어 하는 의지를 보여 준다. 하지만 얼마나 절실하게 이기고 싶은가? 1950년대와 1960년대 미국은 그다지 이기려고 애쓰지 않는 '작은 전쟁들'을 치렀다. 전면적 승리보다는 견제가 사실 더 큰 목표였다. '평화로운 합의'를 무조건적인 항복보다 더 바람직하다고 여겼기 때문이다.

그러나 죄와는 이런 식으로 싸울 수 없다. 매번 우리가 당할 것이 뻔하다. 우리는 어떤 편에 속하고 싶은지 결정해야 한다.

당신은 말한다. "그리스도를 위해 살고 싶어요. 옳은 일도 하고요."

하지만 한 가지 큰 문제가 있지 않은가? 우리는 이 전쟁을 미루고 있다. 사실 우리에게는 이 전쟁을 진짜로 이기고 싶은 마음이 없다. 전쟁에서 승리한다는 것은 곧 우리가 대장이 될 수 없음을 뜻하기 때문이다. 하지만 이 전쟁에서는 그 어떤 그리스도인도 대장이 될 수 없다. 모두 다 일병이고 우리에게 주어진 명령은 성령님을 따르라는 것이다.

바울은 로마서 8장 5절에 이 선택에 대해 명확하게 설명한다. "육신을 따르는 자는 육신의 일을, 영을 따르는 자는 영의 일을 생각하나니." 여기서 흥미로운 점은 우리가 하나님을 기쁘시게 했다면, 우리 자신을 기쁘게 한 것이기도 하다는 점이다. 그리스도께서는 죄를 정복하시고 우리는 내면의 전쟁에서 승리하게 된다.

"다 맞는 말이에요." 당신이 말한다. "좋은 말이긴 한데 더 실질적인 지침을 줄 수 없나요? **어떻게** 해야 하는지 구체적인 예시를 보여 주면 좋겠네요."

우선, 이 전쟁의 본질을 명확히 해야 한다. 우리가 바로 전쟁터다. 대치하는 세력은 성령님과 우리 자신(인간 본성)이다. "육체의 소욕은 성령을 거스르고 성령은 육체를 거스르나니 이 둘이 서로 대적함으로 너희가 원하는 것을 하지 못하게 하려 함이니라"(갈 5:17).

그다음, 우리가 "나는 선해질 거야, 나는 선해질 거야. 나는 선한 생각을 할 거야."라고 말하고 다닌다고 해서 이 전쟁을 이길 수 없음을 깨달아야 한다. 이것은 보병 전쟁이다. 당신은 **걸으면서** 싸워야 한다. 그리고 걷는 것에는 오직 두 가지 방법, 즉, 성령님 안에서나 육신 안에서(당신 마음대로) 걷는 것밖에 없다. 바울은 성령님을 따라 걷는 것에 대해 말할 때, 반복적인 행동과 행위가 뒤따라야 한다고 말한다. 그리스도인의 삶은 단순히 주일에 예수님과 산책하는 것이 아니다. 그 삶은 성령님을 따르겠다는 매일의 헌신이나, 죄 많은 옛 자아를 기쁘게 하는 매일의 굴복, 둘 중 하나를 선택하는 것이다.

자신 vs. 성령님
그리스도인 삶의 실체

성령님 안에서 걷는 한 예로 2000년 미스 아메리카로 뽑힌 니콜 존슨(Nicole Johnson)의 간증을 들어 보자. 그녀의 믿음이 미스 아메리카 2000 투어 때 어떤 영향을 미쳤는지 묻자, 그녀는 다음과 같이 대답했다.

[믿음은] 엄청난 역할을 했어요. 저는 무엇이 옳고 그른지, 무엇이 선하고 악한지 알았지만 계속 그리스도께 초점을 맞춰야 했어요. 매일이 도전이었고 그 도전에 육체적 싸움 혹은 정신적 싸움 그리고 확실히 영적 싸움으로 접근해야 했어요. 순간마다 인도해 주시길 기도해야 했어요. 그리고 필요한 만큼 말할 수 있는 지혜를 달라고, 그리고 간증을 나누게 해 달라고 기도했어요. 저는 그분이 없었다면 끝까지 해내거나 이렇게 넘치는 축복으로 성취한 것들을 이뤄 내지 못했을 것이라 확신합니다.[1]

이 간증이 어떻게 '성령님 안에서 걷는 것'의 예시가 될까? 상황을 다시 한번 살펴보라. 니콜은 기도했다. (성령님과 서로 말도 안 섞는 사이라면 함께 걸을 수 없다.) 그녀는 그리스도를 향한 자신의 충성심을 보여 줄 수 있는 기회를 달라고 구했다. (그분의 뜻을 부정하면서 성령님과 함께 걸을 수는 없다.) 시험이 닥쳤을 때, 그녀에게는 맞설 힘이 있었다. (요한복음 14장 26절을 보라. 성경은 성령님께서 할 말을 가르쳐 주시고 필요할 때 마음속에 떠오르게 해 주실 것이라고 가르친다.)

니콜 존슨의 성공담이 듣기에는 좋지만 당신이 처한 상황이 잘 풀리지 않을 때는 어떻게 적용해야 할지 궁금할 수 있다.

누군가 당신에게 "당신은 동화 같은 성경을 읽는다면서요?"라고 말한다면 당신에게도 간증할 기회가 온 것이다.

그러나 보통은 당황하며 이렇게 응수한다. "그냥 가시지 그래요?"

물론 시간이 좀 지나면 기발한 농담과 거룩한 증언을 조합한 완벽한 답변을 생각해 낼 수 있겠지만, 그때는 이미 당신의 친구(그리고 기회)는 사라지고 없다. 하지만 우리가 간증할 기회를 놓치고 섣불리 혈기를 부렸다면 우리는 절대 성령님과 걸을 수 없는 것일까?

그렇지 않다. 진정한 그리스도인은 순간적으로 실수할 수 있지만, **절대 영원히 패배하지는 않는다.** 단 하나의 실수도 없이 성령님과 지속적으로 걷는 완벽한 사람은 세상에 없다.

우리가 해야 할 일은 매일 아침마다 **믿음으로** 성령님과 걷고, 자기 욕망을 따라 살지 않겠다는 굳은 다짐으로 하루를 시작하는 것이다. 죄를 지었다면 생각난 그 순간에 회개하라. **계속 그렇게 나아가라.** 성령님과 함께 걷는 많은 그리스도인이 자기중심적인 제자리걸음에 머무는데, 이는 그들이 죄를 지었고, 거기서 회개하고 다시 시작해야 한다는 것을 하나님(그리고 다른 사람들)께 인정할 용기가 없기 때문이다. 당신이 정말 성령님과 함께 걷고자 한다면 이를 막고 있는 것은 당신 자신뿐임을 알아야 한다. 일어나 첫걸음을 내디뎌라.

성령님께서는 그리스도인을 위해 훨씬 더 많은 일을 행하신다. 성령님을 통해 그리스도인은 소망을 갖는다. 삶은 막다른 길이 아니다. 그리스도인은 자신의 몸이 더 이상 부패와 죽음을 당하지 않을 날을 고대한다. 그들은 절대로 죽지 않는 새로운 몸을 얻을 것이다.

로마서 8장 18-27절

[18]생각하건대 현재의 고난은 장차 우리에게 나타날 영광과 비교할 수 없도다 [19]피조물이 고대하는 바는 하나님의 아들들이 나타나는 것이니 [20]피조물이 허무한 데 굴복하는 것은 자기 뜻이 아니요 오직 굴복하게 하시는 이로 말미암음이라 [21]그 바라는 것은 피조물도 썩어짐의 종 노릇 한 데서 해방되어 하나님의 자녀들의 영광의 자유에 이르는 것이니라 [22]피조물이 다 이제까지 함께 탄식하며 함께 고통을 겪고 있는 것을 우리가 아느니라 [23]그뿐 아니라 또한 우리 곧 성령의 처음 익은 열매를 받은 우리까지도 속으로 탄식하여 양자 될 것 곧 우리 몸의 속량을 기다리느니라 [24]우리가 소망으로 구원을 얻었으매 보이는 소망이 소망이 아니니 보는 것을 누가 바라리요 [25]만일 우리가 보지 못하는 것을 바라면 참음으로 기다릴지니라

[26]이와 같이 성령도 우리의 연약함을 도우시나니 우리는 마땅히 기도할 바를

알지 못하나 오직 성령이 말할 수 없는 탄식으로 우리를 위하여 친히 간구하시느니라 ²⁷마음을 살피시는 이가 성령의 생각을 아시나니 이는 성령이 하나님의 뜻대로 성도를 위하여 간구하심이니라

당신의 문제와 하나님의 문제

그리스도인들은 미래를 두려워하지 않고 마주할 수 있다. 단순한 종교적 수칙 이상의 것을 가지고 있기 때문이다. 그들은 바로 살아 계신 하나님과 연결되어 있다.

성령 하나님은 이미 당신 안에서 일하고 계신다. 심지어 당신을 위해 기도도 하신다. 당신이 매일 겪는 문제는 더 이상 당신 혼자만의 것이 아니다. 하나님께서 언제나 당신과 함께하신다. 당신은 그분께 온전히 맡기기만 하면 된다.

더 깊은 묵상

1. 77, 78쪽의 만화를 보라. 바울이 로마서 7장 15-21절에서 묘사하는 딜레마가 당신의 삶에도 똑같이 나타나는가? 당신의 삶에서 당신이 하고 싶은 일을 하거나 하고 싶지 않은 일을 하지 않는 것에 어려움을 느끼는 특정 영역이 있는가?

2. 로마서 8장 5절을 암송하라.

3. 로마서 8장 1-11절과 갈라디아서 5장 16-25절을 비교해 보라. 그리스도인이 되는 것(성령님의 인도를 받고 하나님을 기쁘시게 하는 삶을 사는 것)과 종교적인 것(당신의 자아에 따라 당신 자신을 기쁘게 하는 삶을 사는 것) 사이의 차이점을 짧게 설명해 보라. 특히 갈라디아서 5장 16-18절을 주목하라. 그리스도인은 하나님의 율법을 억지로라도 지켜야 하는가? 왜 그렇게 생각하는가?

4. 갈라디아서 5장 19-21절을 다시 읽어 보고 그곳에 언급된 죄 가운데 당신을 기쁘게 하는 삶을 산 결과, 당신의 삶에 나타난 죄가 있는지 찾아보라. 애매모호하고 영적인 체하지 말고 솔직하고 구체적으로 나누라. 그런 다음, 그 죄를 하나님 앞에 가져와 용서를 구하라. 보는 것 혹은 당신 스스로의 힘이 아닌 믿음으로 성령님과 함께 걷기로 매일 헌신하라. 성령님께서는 당신의 삶을 인도하실 때, 이기적인 삶으로 인한 불순한 결과물을 갈라디아서 5장 22-23절에 나오는 성령의 열매(사랑, 희락, 화평, 오래 참음, 자비, 양선, 충성, 온유, 절제)로 바꾸어 놓으실 수 있다.

7장

어떻게 모든 것이 합력하여
선을 이루는가?

어떻게 그럴 수 있을까? 그리스도인들은 고난을 겪고 있는 **다른 사람**에게 이 본문을 즐겨 인용한다. 하지만 이 말을 진짜로 믿는 사람은 몇 명이나 될까? 로마서 8장 28절 말씀을 실제 삶에서 시험해 본 사람은 몇이며, 특히 그 말씀으로 시험에 들어 본 사람은 얼마나 될까? 어떻게 죽음과 사고, 실패, 곤경이 '당신의 선을 위하여' 쓰일 수 있는가? 그저 그리스도인들의 '자기 합리화'일 뿐일까? 이런 질문에 대해 답하기 전에, 바울은 뭐라고 이야기하는지 주의 깊게 살펴보자.

로마서 8장 28-30절

²⁸우리가 알거니와 하나님을 사랑하는 자 곧 그의 뜻대로 부르심을 입은 자들에게는 모든 것이 합력하여 선을 이루느니라 ²⁹하나님이 미리 아신 자들을 또한 그 아들의 형상을 본받게 하기 위하여 미리 정하셨으니 이는 그로 많은 형제 중에서 맏아들이 되게 하려 하심이니라 ³⁰또 미리 정하신 그들을 또한 부르시고 부르신 그들을 또한 의롭다 하시고 의롭다 하신 그들을 또한 영화롭게 하셨느니라

'왜'가 아니라 '무엇을 위해' 라고?

로마서 8장 28절이 그리스도인에게 말이 되는 소리인가? 그렇다. 그리스도인에게만 말이 된다. 이 본문을 다시 읽어 보자. "우리가 알거니와 **하나님을 사랑하는 자** 곧 그의 뜻대로 부르심을 입은 자들에게는 모든 것이 합력하여 선을 이루느니라"(강조는 저자의 것). '하나님을 사랑하는 사람'이 이 말씀에 달린 가장 중요한 조건이다. 어느 그리스도인이나 하나님을 사랑하기 원한다. "우리가 사랑함은 그가 먼저 우리를 사랑하셨음이라"(요일 4:19). 문제는 상황이 잘 풀릴 때는 하나님을 사랑하기가 쉽지만 그렇지 않을 때는 하나님을 사랑하기 어렵다는 점이다. 이것은 좋은 시험대가 된다.

당신은 상황이 어려울 때 하나님을 얼마나 사랑하는가? 상황이 당신을 휘두르게 하지는 않는가?

우리는 언제나 상황이 나빠지면 하나님을 사랑하고 그분을 신뢰하는 대신에 자기 연민에 빠질 수 있다. 나 자신보다 더 불쌍한 사람은 없는 것만 같다. 하지만 스스로 불쌍히 여긴다고 문제가 해결되지는 않는다.

로마서 8장 28절은 하나님께서 **우리 상황 속에** 깊숙이 개입하신다는 의미일까? 하나님은 이런 문제, 이런 실망감, 이런 좌절감, 심지어 비극까지 허락하셨다. 하지만 하나님께서 우리를 사랑하시고 우리가 하나님을 사랑한다면, '왜' 그런 일이 일어나는가가 아니라 '무엇을 위해' 그런 일이 일어나는가를 물어야 한다.

어쩌면 상황 때문에 자기 연민을 느끼지는 않기로 결심했을 수도 있다. 그럼에도 좌절감에 굴복하게 될 수도 있다. 모든 것이 나에게 불리하게 돌아가는 것만 같고, 내게 기회가 좀처럼 찾아오지 않는다는 생각이 든다. 아무도 나를 이해하지 못하고 내가 하려는 일에 관심이 없다. 아무도 나를 도와주려 하지 않는다.

정말 아무도 없을까? 로마서 8장 28절은 '하나님을 사랑하는 사람들'이라고 말한다. 첫 번째로, 요한복음 4장 19절은 하나님께서 우리를 먼저 사랑하셨기 때문에 우리가 하나님을 사랑한다고 말한다. 그리고 여기에 나를 둘러싼 환경과 나 자신 그리고 하나님이 계시다. 여기가 바로 '종교'로는 충분하지 않은 지점이다. 우리에게는 우리를 이해해 주고, 관심을 가져 주며, 다시 시작할 수 있게 바닥에서 일으켜 세워 줄 한 사람이 필요하다. 바로 그리스도께서 우리가 사랑과 신뢰로 그분의 사랑에 반응할 때 기꺼이 그 한 사람이 되어 주신다.

물론 우리가 정말 환경에 쓸려 내려가기를 원한다면, 우리는 회의감에 빠질 수 있다. 당신은 회의감에 빠진 사람을 만나 본 적이 있을 것이다. 삶이 그들에게 치사한 장난을 걸고, 그들에게는 좀처럼 기회가 오지 않는 것 같아 보인다. 만약 그리스도인이 삶에 대해, 교회에 대해, 심지어 하나님에 대해 회의감을 느끼면 자기에게 가장 필요한 자원, 곧 하나님의 사랑과 도움을 스스로 걷어차 버리는 꼴이 된다.

하지만 로마서 8장 28절에는 또 하나의 조건이 달려 있다. "곧 **그의 뜻대로 부르심을 입은 자**들에게는 모든 것이 합력하여 선을 이루느니라"(강조는 저자의 것). TLB 번역에는 "그분의 계획대로"라고 쓰여 있다.

그렇다면 도대체 그분의 계획은 무엇일까? 29절을 읽어 보면, 하나님의 목적은 우리가 '그분의 아들과 동일한 형상을 갖는 것'이다. 이것은 우리가 복사기로 찍은 듯한 그리스도의 복사본이 된다는 의미가 아니다. 하나님은 우리에게 언제나 선택권을 주시고, 한 인격, 곧 독자적인 한 사람이 될 수 있는 자유를 주신다. 하지만 하나님은 우리의 약함, 문제, 죄도 알고 계신다. 하나님은 환경을 우리 삶에 허락하셔서 조각가가 돌을 가지고 작업하듯 우리의 혈기를 깎아 내시고 교만, 위선, 질투를 도려내신다. 각각의 그리스도인은 서로 다른 피조물이지만 하나님은 **우리의 선을 위하여** 그분의 아들을 모델 삼아 우리 모두를 빚으신다.

전체 문맥 안에서 로마서 8장 28절을 읽어 보면, 당신은 **실제로** 어떻게 모든 일이 합력하여 선을 이루는지 보게 될 것이다. 무슨 일이 생기든, 우리는 그 뒤에 하나님의 계획과 목적 그리고 무엇보다 그분의 사랑이 있음을 알 수 있다. 바울은 로마서 8장에서 그 사랑에 대해 이야기하며 클라이맥스로 끌어올린다. 그는 로마서 7장의 죽음의 골짜기를 멀리 떠나, 이제 에베레스트산보다 더 높은 영적 산 정상에 거의 다다랐다. 그리스도를 통해 바울은 자신이 정복자보다 더 위대한 자가 되었음을 알게 되었다.

로마서 8장 31-39절

[31]그런즉 이 일에 대하여 우리가 무슨 말 하리요 만일 하나님이 우리를 위하시면 누가 우리를 대적하리요 [32]자기 아들을 아끼지 아니하시고 우리 모든 사람을 위하여 내주신 이가 어찌 그 아들과 함께 모든 것을 우리에게 주시지 아니하겠느냐
[33]누가 능히 하나님께서 택하신 자들을 고발하리요 의롭다 하신 이는 하나님이시니 [34]누가 정죄하리요 죽으실 뿐 아니라 다시 살아나신 이는 그리스도 예수시니 그는 하나님 우편에 계신 자요 우리를 위하여 간구하시는 자시니라 [35]누가 우리를 그리스도의 사랑에서 끊으리요 환난이나 곤고나 박해나 기근이나 적신이나 위험이나 칼이랴 [36]기록된 바 우리가 종일 주를 위하여 죽임을 당하게 되며 도살 당할 양 같이 여김을 받았나이다 함과 같으니라 [37]그러나 이 모든 일에 우리를 사랑하시는 이로 말미암아 우리가 넉넉히 이기느니라 [38]내가 확신하노니 사망이나 생명이나 천사들이나 권세자들이나 현재 일이나 장래 일이나 능력이나 [39]높음이나 깊음이나 다른 어떤 피조물이라도 우리를 우리 주 그리스도 예수 안에 있는 하나님의 사랑에서 끊을 수 없으리라

우리가 알고 있는 가장 위대한 능력

당신은 이 말씀을 믿을 수 있는가? 아니 이 말씀을 **믿겠다고** 결단하겠는가? 만약 그렇다면, 하나님께서 당신의 삶을 변화시키실 것이다. 당신의 삶에 어떤 시험이 닥쳐도 당당하게 살게 될 것이다. 무슨 일이 일어나든, 당신을 향한 하나님의 사랑을 끊을 수 없다. 위험, 고난, 사고 혹은 죽음이 닥칠 때 이 말씀을 기억해야 한다. 때로 그리스도인들은 사고나 질병 그리고 죽음에서 구원받아야 한다고 생각하기도 한다. 고난이 닥치면 그들은 묻는다 "하나님은 왜 내게 이런 일을 허락하셨지?"

성경은 고난을 피하게 해 주겠다고 약속하지 않는다. 만약 그랬다면, 사람들이 단순히 사고나 고난을 막거나, 심장 마비를 막거나 암에 걸리지 않기 위해 모두 그리스도인이 되었을 것이다. 이러한 동기로 종교인은 될 수 있겠지만 그리스도인은 될 수 없다.

그 대신, 하나님께서는 삶에서 겪는 모든 고난 속에 함께하실 것이라 약속하신다. 어떤 것도 우리를 향한 그분의 사랑을 흔들 수 없다. 그리스도인이라고 쥐구멍에 볕 들 날만 있는 것은 아니지만, 우리를 비추는 태양은 언제나 빛나고 있다.

산문으로 로마서 8장의 마지막 구절을 제대로 표현해 낼 수는 없지만, 랠프 카마이클(Ralph Carmichael)이 쓴 다음 시를 통해 바울이 생각한 본질을 알아볼 수는 있을 것이다.

우리는 누구보다 위대한 정복자

우리를 사랑하시는 그분을 통해

우리는 누구보다 위대한 정복자

우리 안에 거하시는 그리스도는

우리가 아는 가장 위대한 능력이시다.

그분이 우리 곁에서 싸우시니

대적이 아무리 거세어도

누가 우리와 맞서 싸울 수 있으리?

그분은 우리 운명의 대장되시니

우리는 정복하고, 절대 두려워하지 않으리.

그러니 전쟁이여 불길같이 일어나라

이 세상 마지막 날까지

그분이 곁에 계시겠다 약속하셨다.

우리를 사랑하시는 그분을 통해,

우리는 누구보다 위대한 정복자

우리 안에 거하시는 그리스도는

우리가 아는 가장 위대한 능력이시다.[1]

'당신 안에 거하시는 그리스도'께서는 우리가 그리스도인의 삶을 살아갈 수 있도록 힘을 주는 '성화'의 열쇠시다. 그리스도를 믿고 신뢰하라. 성령님 안에서 그분과 함께 걸으라. 그분의 사랑에 당신의 사랑으로 반응하라. 이것이 바로 '그리스도인'으로 사는 삶과 '종교인'으로 안주하는 삶의 차이다.

더 깊은 묵상

1. 로마서 8장 28절을 암송하라. "모든 것이 합력하여 선을 이루느니라"는 구절에 초점을 맞추고 지금 당신이 맞닥뜨린 문제, 좌절, 실패한 부분을 나열해 보라. 그런 다음, 당신이 누리고 있는 승리와 성취, 발전의 목록도 작성해 보라.

2. 로마서 8장 28-30절을 최대한 다양한 번역 성경에서 찾아 읽어 보라. 당신은 '하나님의 목적을 위해 부르심을 입었다'고 느끼는가? 이 본문을 에베소서 1장 5, 11절, 베드로전서 1장 2, 20절과 비교해 보라. 당신을 향한 하나님의 목적은 무엇인가?

3. 로마서 8장 37-39절을 고린도전서 15장 54-58절과 비교해 보고, "그리스도를 통한 압도적인 승리는 나의 것이다. 왜냐하면"으로 시작하는 짧은 글을 써 보라.

8장

누가 하나님의 마음을
알 수 있을까?

　이 시점에서 바울은 '삽입구'를 끼워 넣는다. '옥의 티'로 보이는 것을 이야기하기 위함인데, 그것은 바로 그의 동족 유대인이 그리스도를 통한 하나님의 구원 계획을 거부한 일이었다. 바울은 하나님께서 엄중한 언약으로 유대인과 연결되어 있으심을 알았다. 이 언약은 그저 종이에 적힌 약속에 불과했을까? 하나님께서 자신의 약속을 어기고 이방인에게 구원을 주신 것일까? 하나님은 변덕스러우신가? 아니면 그분의 계획에 결함이 있는 것일까? 9장에서 11장까지 자세히 읽어 보라. 또 다른 차원에서 인간에게 내려오신 주권자 하나님께 믿음으로 반응하는 기독교와 만들어 낸 신을 기쁘게 하거나 추대하기 위해 인간이 노력해야 하는 종교 사이의 차이를 이해하는 데 다리를 잇는 중요한 역할을 한다.

로마서 9장 1-33절

¹⁻²내가 그리스도 안에서 참말을 하고 거짓말을 아니하노라 나에게 큰 근심이 있는 것과 마음에 그치지 않는 고통이 있는 것을 내 양심이 성령 안에서 나와 더불어 증언하노니 ³나의 형제 곧 골육의 친척을 위하여 내 자신이 저주를 받아 그리스도에게서 끊어질지라도 원하는 바로라

⁴그들은 이스라엘 사람이라 그들에게는 양자 됨과 영광과 언약들과 율법을 세우신 것과 예배와 약속들이 있고 ⁵조상들도 그들의 것이요 육신으로 하면 그리스도가 그들에게서 나셨으니 그는 만물 위에 계셔서 세세에 찬양을 받으실 하나님이시니라 아멘

⁶그러나 하나님의 말씀이 폐하여진 것 같지 않도다 이스라엘에게서 난 그들이 다 이스라엘이 아니요 ⁷또한 아브라함의 씨가 다 그의 자녀가 아니라 오직 이삭으로부터 난 자라야 네 씨라 불리리라 하셨으니 ⁸곧 육신의 자녀가 하나님의 자녀가 아니요 오직 약속의 자녀가 씨로 여기심을 받느니라 ⁹약속의 말씀은 이것이니 명년 이 때에 내가 이르리니 사라에게 아들이 있으리라 하심이라

¹⁰그뿐 아니라 또한 리브가가 우리 조상 이삭 한 사람으로 말미암아 임신하였는데 ¹¹그 자식들이 아직 나지도 아니하고 무슨 선이나 악을 행하지 아니한 때에 택하심을 따라 되는 하나님의 뜻이 행위로 말미암지 않고 오직 부르시는 이로 말미암아 서게 하려 하사 ¹²리브가에게 이르시되 큰 자가 어린 자를 섬기리라 하셨나니 ¹³기록된 바 내가 야곱은 사랑하고 에서는 미워하였다 하심과 같으니라

¹⁴그런즉 우리가 무슨 말을 하리요 하나님께 불의가 있느냐 그럴 수 없느니라 ¹⁵모세에게 이르시되 내가 긍휼히 여길 자를 긍휼히 여기고 불쌍히 여길 자를 불쌍히 여기리라 하셨으니
¹⁶그런즉 원하는 자로 말미암음도 아니요 달음박질하는 자로 말미암음도 아니요 오직 긍휼히 여기시는 하나님으로 말미암음이니라 ¹⁷성경이 바로에게 이르시되 내가 이 일을 위하여 너를 세웠으니 곧 너로 말미암아 내 능력을 보이고 내 이름이 온 땅에 전파되게 하려 함이라 하셨으니 ¹⁸그런즉 하나님께서 하고자 하시는 자를 긍휼히 여기시고 하고자 하시는 자를 완악하게 하시느니라
¹⁹혹 네가 내게 말하기를 그러면 하나님이 어찌하여 허물하시느냐 누가 그 뜻을 대적하느냐 하리니 ²⁰이 사람아 네가 누구이기에 감히 하나님께 반문하느냐 지음을 받은 물건이 지은 자에게 어찌 나를 이같이 만들었느냐 말하겠느냐 ²¹토기장이가 진흙 한 덩이로 하나는 귀히 쓸 그릇을, 하나는 천히 쓸 그릇을 만들 권한이 없느냐 ²²만일 하나님이 그의 진노를 보이시고 그의 능력을 알게 하고자 하사 멸하기로 준비된 진노의 그릇을 오래 참으심으로 관용하시고 ²³또한 영광 받기로 예비하신 바 긍휼의 그릇에 대하여 그 영광의 풍성함을 알게 하고자 하셨을지라도 무슨 말을 하리요 ²⁴이 그릇은 우리니 곧 유대인 중에서뿐 아니라 이방인 중에서도 부르신 자니라
²⁵호세아의 글에도 이르기를 내가 내 백성 아닌 자를 내 백성이라, 사랑하지 아니한 자를 사랑한 자라 부르리라 ²⁶너희는 내 백성이 아니라 한 그 곳에서 그들이 살아 계신 하나님의 아들이라 일컬음을 받으리라 함과 같으니라
²⁷또 이사야가 이스라엘에 관하여 외치되 이스라엘 자손들의 수가 비록 바다의 모래 같을지라도 남은 자만 구원을 받으리니 ²⁸주께서 땅 위에서 그 말씀을 이루고 속히 시행하시리라 하셨느니라
²⁹또한 이사야가 미리 말한 바 만일 만군의 주께서 우리에게 씨를 남겨 두지 아니하셨더라면 우리가 소돔과 같이 되고 고모라와 같았으리로다 함과 같으

니라 ³⁰그런즉 우리가 무슨 말을 하리요 의를 따르지 아니한 이방인들이 의를 얻었으니 곧 믿음에서 난 의요 ³¹의의 법을 따라간 이스라엘은 율법에 이르지 못하였으니 ³²어찌 그러하냐 이는 그들이 믿음을 의지하지 않고 행위를 의지함이라 부딪칠 돌에 부딪쳤느니라 ³³기록된 바 보라 내가 걸림돌과 거치는 바위를 시온에 두노니 그를 믿는 자는 부끄러움을 당하지 아니하리라 함과 같으니라

여기서 누가 대장인가?

하나님은 시험당하지 않으신다. 그분은 자신의 뜻대로 이 세상을 운영하신다. 그분은 주권자이시고 우리는 그분의 피조물이다. 그러므로 우리는 우리의 창조주를 판단할 수 없다. 우리는 하나님을 비판하는 자가 되어서는 안 된다. 그분이 우리의 비판자가 되신다. 우리는 하나님을 시험하지 말아야 한다. 그분만이 최고 심판자가 되시며 우리는 각자 우리 자신의 심판대에 서야 한다.

하지만 하나님께서 에서와 파라오를 외면하시고 자신이 선택하신 민족에게 자비를 베푸신 것은 하나님의 분노 때문만은 아니다. 하나님께서는 에서가 태어나기 전부터 그가 어떻게 행동하고 무슨 일을 행할지 알고 계셨다. 에서의 부주의한 행동으로 인해 하나님은 그를 불합격시키셨다. 파라오는, 하나님께서 그에게 못되게 구시려고 한 것이 아니라, 그가 주님을 인정하지 않으려고 했기에 거부하셨다. 파라오는 하나님의

기적적인 계시를 보고도 완강하게 버텼다. 문제는 거룩하신 하나님이 아니라 죄에 빠진 인간에게 있다.

질문은 끊임없이 계속될 것이다. 우리는 창조주가 아닌 피조물에 불과하기 때문에 우리의 지식은 한정적이다. 하나님은 사랑과 자비의 하나님이시다(우리는 예수 그리스도 덕분에 이를 확신할 수 있다!). 하나님께서 죄 많은 인간을 거부하시지 않고, 그럴 만한 가치가 없는 자들에게 자비를 베푸셨다는 것이 기적이다. 하나님께서 아직도 세상을 멸망시키지 않으셨다는 것이 기적이다.

하지만 이 모든 것이 유대인과 그들이 그리스도를 배척한 것과 무슨 상관이 있을까?

로마서 10장 1-21절

¹형제들아 내 마음에 원하는 바와 하나님께 구하는 바는 이스라엘을 위함이니 곧 그들로 구원을 받게 함이라 ²내가 증언하노니 그들이 하나님께 열심이 있으나 올바른 지식을 따른 것이 아니니라 ³하나님의 의를 모르고 자기 의를 세우려고 힘써 하나님의 의에 복종하지 아니하였느니라 ⁴그리스도는 모든 믿는 자에게 의를 이루기 위하여 율법의 마침이 되시니라
⁵모세가 기록하되 율법으로 말미암는 의를 행하는 사람은 그 의로 살리라 하였거니와 ⁶믿음으로 말미암는 의는 이같이 말하되 네 마음에 누가 하늘에 올라가겠느냐 하지 말라 하니 올라가겠느냐 함은 그리스도를 모셔 내리려는 것이요 ⁷혹은 누가 무저갱에 내려가겠느냐 하지 말라 하니 내려가겠느냐 함은 그리스도를 죽은 자 가운데서 모셔 올리려는 것이라 ⁸그러면 무엇을 말하느

냐 말씀이 네게 가까워 네 입에 있으며 네 마음에 있다 하였으니 곧 우리가 전파하는 믿음의 말씀이라
⁹네가 만일 네 입으로 예수를 주로 시인하며 또 하나님께서 그를 죽은 자 가운데서 살리신 것을 네 마음에 믿으면 구원을 받으리라 ¹⁰사람이 마음으로 믿어 의에 이르고 입으로 시인하여 구원에 이르느니라 ¹¹성경에 이르되 누구든지 그를 믿는 자는 부끄러움을 당하지 아니하리라 하니 ¹²유대인이나 헬라인이나 차별이 없음이라 한 분이신 주께서 모든 사람의 주가 되사 그를 부르는 모든 사람에게 부요하시도다 ¹³누구든지 주의 이름을 부르는 자는 구원을 받으리라
¹⁴그런즉 그들이 믿지 아니하는 이를 어찌 부르리요 듣지도 못한 이를 어찌 믿으리요 전파하는 자가 없이 어찌 들으리요 ¹⁵보내심을 받지 아니하였으면 어찌 전파하리요 기록된 바 아름답도다 좋은 소식을 전하는 자들의 발이여 함과 같으니라
¹⁶그러나 그들이 다 복음을 순종하지 아니하였도다 이사야가 이르되 주여 우리가 전한 것을 누가 믿었나이까 하였으니 ¹⁷그러므로 믿음은 들음에서 나며 들음은 그리스도의 말씀으로 말미암았느니라
¹⁸그러나 내가 말하노니 그들이 듣지 아니하였느냐 그렇지 아니하니 그 소리가 온 땅에 퍼졌고 그 말씀이 땅 끝까지 이르렀도다 하였느니라
¹⁹그러나 내가 말하노니 이스라엘이 알지 못하였느냐 먼저 모세가 이르되 내가 백성 아닌 자로써 너희를 시기하게 하며 미련한 백성으로써 너희를 노엽게 하리라 하였고
²⁰이사야는 매우 담대하여 내가 나를 찾지 아니한 자들에게 찾은 바 되고 내게 묻지 아니한 자들에게 나타났노라 말하였고
²¹이스라엘에 대하여 이르되 순종하지 아니하고 거슬러 말하는 백성에게 내가 종일 내 손을 벌렸노라 하였느니라

율법으로 사는 것은 막다른 길이다

바울은 이 본문에서 종교적 노력으로는 충분하지 않다는 점을 명확하게 한다.

유대인들은 철저하게 율법을 따르고 관습을 지키는 것으로 하나님 앞에 스스로 의로워질 수 있을 것이라 생각했다. 유대인들이 어느 정도까지 철저히 율법을 지키기 위해 노력했는지를 보여 주는 놀라운 예시와 일화들이 많다.

예를 들어, 마카베오기 하권(경외 성경의 일부)을 보면 엘아자르라는 유대인 율법학자에 대한 이야기가 등장한다. 안티오코스 에피파네스가 예루살렘을 포위했을 때, 그는 엘아자르에게 제우스 신전에서 희생 제물로 바쳐진 돼지고기를 먹으라고 명령했다. 이는 유대인 법으로 금지된 것이므로 엄격하게 율법을 따르기 위해 엘아자르는 이를 거부했다. 성전에서 제사를 맡았던 사람들은 오랫동안 엘아자르와 알던 사이였기 때문에, 그가 먹을 수 있는 고기를 준비해 와서 먹고 번제물로 드린 돼지고기를 먹은 척 하라고 그를 설득했다. 엘아자르는 그것마저 거부했고, 결국 채찍에 맞아 죽었다. 그는 죽으면서 이렇게 기도했다. "나는 숭고하고 거룩한 법을 위하여 어떻게 기꺼이 그리고 고결하게 훌륭한 죽음을 맞이하는지 그 모범을 젊은이들에게 남기려고 합니다."(마카베오기 하권 6:28). 엘아자르는 **율법을 위해** 죽기까지 저항했다. 그는 돼지고기를 먹지 말라는 율법 때문에 죽었다! 다소 의미 없는 죽음이라 생각하는가?

엘아자르처럼 율법으로 사는 것이 하나님께로 가는 길이라고 믿었던 유대인에게는 결코 무의미한 죽음이 아니었다.

하지만 바울은 그의 동족에게 다메섹으로 가는 길에서 그에게 나타난 진리에 대해 알린다. 그 진리란 하나님의 율법을 지키려고 노력하는 것으로 하나님께 닿으려 할 필요가 없다는 것이다(롬 10:4-7). 당신은 그저 하나님께서 당신을 향해 손 내미실 때 그분께 반응하면 된다. 당신은 예수님이 주님이심을 (머리뿐만 아니라 마음으로) 믿고 그분이 당신을 죄에서 구원하신 구원자이심을 (당신의 입술로) 고백하라. 그러면 당신이 유대인이든 이방인이든 하나님께서는 당신을 받아들여 주신다.

한 가지 요점이 더 있다. 바울은 유대인들에게 하나님의 계획이 한 민족에만 국한되지 않음을 상기시킨다(롬 10:19-20). 오래전 선지자들은 하나님께서는 **자신을 찾지 않는 사람**에게까지 나타나실 것이라고 말했다.

그렇다면 유대인들은 어떻게 되는 것일까? 하나님의 선택받은 민족인 것이 어떤 의미를 갖는가? 바울은 다음과 같이 결론짓는다.

로마서 11장 1-33절

¹그러므로 내가 말하노니 하나님이 자기 백성을 버리셨느냐 그럴 수 없느니라 나도 이스라엘인이요 아브라함의 씨에서 난 자요 베냐민 지파라 ²하나님이 그 미리 아신 자기 백성을 버리지 아니하셨나니 너희가 성경이 엘리야를 가리켜 말한 것을 알지 못하느냐 그가 이스라엘을 하나님께 고발하되 ³주여 그들이 주의 선지자들을 죽였으며 주의 제단들을 헐어 버렸고 나만 남

앉는데 내 목숨도 찾나이다 하니 ⁴그에게 하신 대답이 무엇이냐 내가 나를 위하여 바알에게 무릎을 꿇지 아니한 사람 칠천 명을 남겨 두었다 하셨으니 ⁵그런즉 이와 같이 지금도 은혜로 택하심을 따라 남은 자가 있느니라 ⁶만일 은혜로 된 것이면 행위로 말미암지 않음이니 그렇지 않으면 은혜가 은혜 되지 못하느니라

⁷그런즉 어떠하냐 이스라엘이 구하는 그것을 얻지 못하고 오직 택하심을 입은 자가 얻었고 그 남은 자들은 우둔하여졌느니라 ⁸기록된 바 하나님이 오늘까지 그들에게 혼미한 심령과 보지 못할 눈과 듣지 못할 귀를 주셨다 함과 같으니라

⁹또 다윗이 이르되 그들의 밥상이 올무와 덫과 거치는 것과 보응이 되게 하시옵고 ¹⁰그들의 눈은 흐려 보지 못하고 그들의 등은 항상 굽게 하옵소서 하였느니라

¹¹그러므로 내가 말하노니 그들이 넘어지기까지 실족하였느냐 그럴 수 없느니라 그들이 넘어짐으로 구원이 이방인에게 이르러 이스라엘로 시기나게 함이니라 ¹²그들의 넘어짐이 세상의 풍성함이 되며 그들의 실패가 이방인의 풍성함이 되거든 하물며 그들의 충만함이리요

¹³내가 이방인인 너희에게 말하노라 내가 이방인의 사도인 만큼 내 직분을 영광스럽게 여기노니 ¹⁴이는 혹 내 골육을 아무쪼록 시기하게 하여 그들 중에서 얼마를 구원하려 함이라 ¹⁵그들을 버리는 것이 세상의 화목이 되거든 그 받아들이는 것이 죽은 자 가운데서 살아나는 것이 아니면 무엇이리요 ¹⁶제사하는 처음 익은 곡식 가루가 거룩한즉 떡덩이도 그러하고 뿌리가 거룩한즉 가지도 그러하니라

¹⁷또한 가지 얼마가 꺾이었는데 돌감람나무인 네가 그들 중에 접붙임이 되어 참감람나무 뿌리의 진액을 함께 받는 자가 되었은즉 ¹⁸그 가지들을 향하여 자랑하지 말라 자랑할지라도 네가 뿌리를 보전하는 것이 아니요 뿌리가 너를 보전하는 것이니라

¹⁹그러면 네 말이 가지들이 꺾인 것은 나로 접붙임을 받게 하려 함이라 하리니 ²⁰옳도다 그들은 믿지 아니하므로 꺾이고 너는 믿으므로 섰느니라 높은 마음을 품지 말고 도리어 두려워하라 ²¹하나님이 원 가지들도 아끼지 아니하셨은즉 너도 아끼지 아니하시리라 ²²그러므로 하나님의 인자하심과 준엄하심을 보라 넘어지는 자들에게는 준엄하심이 있으니 너희가 만일 하나님의 인자하심에 머물러 있으면 그 인자가 너희에게 있으리라 그렇지 않으면 너도 찍히는 바 되리라 ²³그들도 믿지 아니하는 데 머무르지 아니하면 접붙임을 받으리니 이는 그들을 접붙이실 능력이 하나님께 있음이라

²⁴네가 원 돌감람나무에서 찍힘을 받고 본성을 거슬러 좋은 감람나무에 접붙임을 받았으니 원 가지인 이 사람들이야 얼마나 더 자기 감람나무에 접붙이심을 받으랴

²⁵형제들아 너희가 스스로 지혜 있다 하면서 이 신비를 너희가 모르기를 내가 원하지 아니하노니 이 신비는 이방인의 충만한 수가 들어오기까지 이스라엘의 더러는 우둔하게 된 것이라 ²⁶그리하여 온 이스라엘이 구원을 받으리라 기록된 바 구원자가 시온에서 오사 야곱에게서 경건하지 않은 것을 돌이키시겠고 ²⁷내가 그들의 죄를 없이 할 때에 그들에게 이루어질 내 언약이 이것이라 함과 같으니라

²⁸복음으로 하면 그들이 너희로 말미암아 원수 된 자요 택하심으로 하면 조상들로 말미암아 사랑을 입은 자라 ²⁹하나님의 은사와 부르심에는 후회하심이 없느니라 ³⁰너희가 전에는 하나님께 순종하지 아니하더니 이스라엘이 순종하지 아니함으로 이제 긍휼을 입었는지라 ³¹이와 같이 이 사람들이 순종하지 아니하니 이는 너희에게 베푸시는 긍휼로 이제 그들도 긍휼을 얻게 하려 하심이라 ³²하나님이 모든 사람을 순종하지 아니하는 가운데 가두어 두심은 모든 사람에게 긍휼을 베풀려 하심이로다

³³깊도다 하나님의 지혜와 지식의 풍성함이여, 그의 판단은 헤아리지 못할 것이며 그의 길은 찾지 못할 것이로다

'기득권층'에게 구원은 없다

로마서 11장 첫 구절에서 바울은 9장에서 언급한 이야기를 반복한다. 하나님은 민족이 아닌 개개인을 구원하신다. 여기서 적절한 질문은 "하나님께서 자신의 백성인 유대인을 버리셨는가?"가 아니다. 오히려 "어떤 유대인이 그리스도 안에 하나님께서 주신 구원이라는 선물에 반응하는가?"를 물어야 한다. 바로 이 지점에서 유대인들은 치명적인 실수를 저질렀다. 그들은 애초에 하나님의 조건은 개인적 책임과 믿음이었다는 사실을 잊어버린 것이다. 유대인들은 자신들이 특별한 민족의 일원이기 때문에 구원을 얻었다고 생각했다. 어떤 면에서 그들은 '조직 인간'(조직에 헌신하여 주체성을 상실한 인간-역주)이 되었다. 그들은 율법을 이용해 자신들만의 '기득권층'을 형성했다.

바울이 묘사한 돌감람나무에 빗대어 말하자면, 하나님께서는 그들을 꺾어 버리셨다(롬 11:17). 그리고 바울은 이방인들에게도 자만하지 말라고 경고한다. 그들은 한 가지 이유, 바로 그들의 믿음 덕분에 돌감람나무에 접붙여졌다. 이것이 현재 하나님의 계획이지만, 하나님께서는 유대인들과의 언약도 잊지 않으셨다. 대부분의 유대인이 복음을 대적하지만 그들 역시 하나님의 자비를 통해 구원받을 날이 올 것이다.

여전히 이해하기 어려운가? 그럴 것이다. 여기에서는 아무도 하나님의 마음을 알거나 완전히 이해할 수 없다는 사실을 받아들이는 것으로 충분하리라 생각한다.

로마서 11장 34-36절

³⁴누가 주의 마음을 알았느냐 누가 그의 모사가 되었느냐 ³⁵누가 주께 먼저 드려서 갚으심을 받겠느냐 ³⁶이는 만물이 주에게서 나오고 주로 말미암고 주에게로 돌아감이라 그에게 영광이 세세에 있을지어다 아멘

책임지지 않으시는 하나님을 믿을 수 있는가?

하나님께서 다스리지 않으신다면, 우리가 하나님에 대해 믿는 다른 믿음은 아무 소용이 없다. 하나님께서 통치자가 아니시라면, 우리는 그분을 신뢰할 수 없다. 책임지지 않으시는 하나님을 어떻게 믿을 수 있겠는가?

주님은 왕이시다. 그분은 예배를 받으실 분이지, 이용당할 존재가 아니시다. 그분은 우리에게 단순히 매력적으로 비춰지는 분이 아니라 흠모의 대상이 되어야 한다. 그분의 지혜는 우리의 지혜를 뛰어넘는다. 우리의 빈약한 의견을 묻지 않으시고 스스로 결정을 내리신다.

하나님께서는 하나님이시라는 것을 인정하는 것 외에 우리가 할 수 있는 것은 거의 없다. 몇몇 실질적인 질문에 대한 답변을 찾기 위해 면밀히 살핀 끝에, 바울은 놀라움과 찬양으로 무릎을 꿇을 수밖에 없었다. 그는 자신을 초월하는 그분의 지혜에 압도되어 경배드릴 수밖에 없었다. 그리스도 안에서 하나님은 한 인격체이시지 종교가 아니다.

브라질에는 유명한 예수상이 있다. 하지만 그 예수상의 눈을 보려면 무릎을 꿇고 올려다봐야 하는 각도로 얼굴이 기울어져 있다.

그렇다, 이러한 겸손함과 믿음이 바로 하나님을 바라볼 수 있는 유일한 방법이다. 이것이 종교에 매이지 않은 그리스도인이 되는 방법이다.

더 깊은 묵상

1. 하나님의 주권과 인간의 자유는 이해하기 어려운 역설처럼 보인다. 만약 하나님이 주권자가 아니시라면, 하나님은 어떤 존재가 되셨을까? 그리고 만약 인간에게 하나님을 선택하거나 거부할 수 있는 자유가 없었다면, 인간은 어떻게 되었을까? 이에 대한 당신의 생각을 다른 사람과 나누고 이 두 가지 질문에 대한 당신의 대답을 한 문단으로 요약해 보라.

2. 로마서 11장 33-36절을 로마서 8장 28-39절과 비교해 보라. 이 두 본문이 연결되는 부분을 써 보라.

9장

이것은 하나님의 뜻인가?

모든 그리스도인이 이 질문을 한다. 어떤 사람은 진심으로 우려하는 마음으로 묻는다. 어떤 사람은 호기심으로, 또 어떤 사람은 걱정하거나 심지어 두려워하는 마음으로 묻는다. 어떤 사람은 곧 실패로 끝날 계획을 다 세워 놓고 너무 늦게 이 질문을 던지기도 한다. 또 어떤 사람은 '성경을 한 장씩 읽고 기도하라'는 '공식'을 적용해 형식적으로 묻는다. 또 다른 사람은 하나님의 뜻을 마치 어떤 직업 컴퓨터, 다시 말해 당신에게 맞는 직업을 찾아 주는 '종합 계획안' 정도로 생각한다. 동기가 무엇이든 간에, 답을 얻기 위한 수단이 무엇이든 간에, 하나님의 뜻에 대한 질문은 "서두르지 않고 침착한 속도로"[1] 언제나 그리스도인의 뒤를 따라다닌다. 하지만 우리는 여러 공식과 종합 계획안을 가지고 종교적 도박을 하는 대신에, 하나님의 뜻 안에 있는 것이 그리스도인의 목적지인지 아니면 목적지까지 가는 길인지를 먼저 물어야 할 것이다. 바울은 그 길을 잘 알고 있었다.

로마서 12장 1-2절

¹그러므로 형제들아 내가 하나님의 모든 자비하심으로 너희를 권하노니 너희 몸을 하나님이 기뻐하시는 거룩한 산 제물로 드리라 이는 너희가 드릴 영적 예배니라 ²너희는 이 세대를 본받지 말고 오직 마음을 새롭게 함으로 변화를 받아 하나님의 선하시고 기뻐하시고 온전하신 뜻이 무엇인지 분별하도록 하라

당신은 수레를 말 앞에 묶어 놓는가?

로마서 12장 1절은 암송 구절로 자주 쓰이고 교회 수련회나 콘퍼런스에서 강연자가 마지막에 던지는 말씀으로도 자주 쓰인다. 이 말씀을 기점으로 로마서는 새로운 국면을 맞이한다.

1장에서 11장까지 바울은 그리스도인이 무엇을 믿고 왜 믿어야 하는지에 대해 다루었다. 또 어떻게 그리스도를 알고, 죄의 대가로부터 구원받을 수 있는지 이야기했다. 그리고 어떻게 그리스도께 힘입어 죄의 권

세로부터 자유로워질 수 있는지도 알려 주었다. 12장에서부터는 어떻게 그리스도를 섬길 수 있는지, 그리고 실제로 어떻게 하나님의 뜻을 깨닫고 그에 따라 행할 수 있는지에 대한 이야기를 시작한다.

앨런 레드패스(Alan Redpath)는 하나님의 뜻을 두 부분으로 설명했다. 성품에 관한 하나님의 뜻은 **보편적**이지만, 섬김에 관한 하나님의 뜻은 **개별적**이다.[2] 그렇다, 아마 이 말은 납득할 수 있을 것이다. 하나님께서는 우리의 성품이 그리스도인이 갖춰야 하는 성품으로 성장해 나가길 원하신다는 것은 쉽게 이해할 수 있다. 하지만 섬김의 측면, 즉 당신이 해야 할 일과 언제 그리고 어떻게 해야 하는지에 대한 문제는 까다롭다. 그러면 하나님의 뜻이 두 부분으로 되어 있다는 것을 아는 것은 무엇에 도움이 될까?

많은 그리스도인이 수레를 말 앞에 놓는다. 다시 말해, 그들은 영적으로 준비가 되지 않았음(성품)에도 하나님을 위해 뭔가를 하는 것(섬김)에 안달복달한다. 여기서 로마서 12장 1절이 등장한다. 하나님께서는 우리가 그분을 섬기는 것보다 **우리**가 진정으로 그분께 속해 있는지를 확인하기 원하신다. 바울은 돌려 말하지 않는다. 우리는 우리의 몸을 하나님께 살아 있는 제물로 드려야 한다.

하나님의 뜻 찾기 첫 단계:
당신의 몸을 산 제물로 드리라.

다소 원시적으로 들리지 않는가? 너무 사적인 문제로 들리지 않는가? 교회에 편하게 앉아서 우리의 영과 혼을 하나님께 드리겠다고 서약하는 일은 어렵지 않다. 어차피 영적인 것은 하나님께서 소유하시는 것이 맞으니 말이다. 이는 영혼을 천국과 장차 맞이하게 될 것들처럼 하나님의 소관이라고 여기기 때문이다. 하지만 우리의 몸은 어떨까? 정말이지, 이 관계는 불편할 정도로 너무 많은 것을 요구하는 것 같다. 몸까지 요구하는 것은 우리를 너무 불편하게 하고, 자유로운 행동을 방해하며, 마음의 벽을 세우게 할 수 있다. 아니, 이것 때문에 종교에 더 매이지 않겠는가!

바로 그것이다.

하나님은 당신의 영혼만을 구원하신 것이 아니다. 그분은 당신 전체를 구원하셨고, 여기에는 당신의 몸도 포함된다. 그리스도인이 눈과 귀와 입과 손으로 하는 행동으로 하나님께 자신의 몸을 헌신할 만큼 진지하게 그리스도를 받아들이면, 그제야 그는 하나님의 뜻을 알고 그대로 행할 준비가 된 것이다.

너무 많은 것을 기대한다고 생각하는가? 그럴 수도 있다. 하지만 바울은 이의를 제기하기 전에, 그리스도께서 당신을 위해 하신 일을 생각해 보라고 말한다.

그리스도께서 우리의 죄를 위해 돌아가셨고, 자신의 몸을 우리를 위해 깨뜨리셨다는 사실을 기억한다면 우리는 왜 모든 과정의 첫 번째 단계가 우리의 성품에 대한 하나님의 뜻인지 이해하기 더 쉽다. 우리가 우리 몸을 포함한 모든 것을 하나님께 지적이면서 결연한 헌신으로 드리기 전까지는 우리의 성품을 위한 하나님의 목적이 성취될 수 없다. 이러한 헌신은 일 년에 한 번 수련회에서, 혹은 일 년마다 열리는 전도 축제에서 하는 것이 아니라 매일매일 해야 한다. 그리고 이렇게 우리의 모든 것을 하나님께 드리면 우리는 뒤에 있던 말을 제자리에, 수레 앞으로 되돌려 놓을 수 있다. 이제 우리는 하나님의 뜻대로 움직이고 행할 준비가 된 것이다. 우리는 우리에게 필요한 능력(기독교적 성품)을 선한 일을 하는 것(기독교적 섬김)보다 우선시해야 한다.

당신이 이 모든 것을 다 하고 있다고 가정해 보자. 그럼 이제 어느 방향으로 가야 할까? **구체적**으로 어떻게 섬겨야 할까?

당신의 많은 계획과 활동을 시험할 수 있는 방법이 바로 로마서 12장 2절에 나온다. "이 세상을 본받지 말고" 혹은 다른 번역이 기록하듯 "당신 주위의 세상이 당신을 그들의 틀에 끼워 넣지 못하게 하라"(필립스 역).

이 세대를 본받지 말라는 말은 세상 사람들이 보기에 괴짜가 되어야 한다는 말이 아니다. 그러나 분명한 것은 관능과 성, 비인간적인 유머를 더 중요시하는 세상의 피상적인 가치 체제를 우리는 멀리해야 한다는 것이다. 그리스도인은 종종 무엇이 '세상적'이며 무엇이 하나님 보시기에 합당한지 어려운 결단을 해야 하는 상황에 처한다. 여기서 핵심 기준은 우리의 동기다. J. P. 모건(J. P Morgan)이 말했듯 "사람은 무슨 일을 하든지 두 가지 이유를 가지고 있다. '그럴듯한' 이유와 진짜 이유다." 각자가 처한 상황은 모두 다르겠지만 선택 사항은 보통 명확하다. 자기 자신, 속한 집단, 군중을 기쁘게 하고 싶은가? 아니면 하나님을 기쁘시게 하고 싶은가?

이런 궁금증이 생길 것이다. "다 좋아요. 하지만 세상은 정말 현실적이고 우리는 하루 종일 그 세상에 속해 있다고요. 어떻게 우리가 그 틀에 끼지 않고 버틸 수 있나요?" 로마서 12장 2절은 다음과 같이 제안한다. 여러분은 "이 세대를 본받지 말고, 오직 마음을 새롭게 함으로 변화를 받"으십시오.

설문 조사와 여론 조사에 따르면 많은 그리스도인이 **모든 진리는 상대적이고 절대적인 것은 없다**는 포스트모더니즘 사고방식에 휘말려 있다고 한다. 도덕성은 누구나 얻을 수 있다. 속담에 나오는 냄비 속 개구리처럼, 많은 그리스도인이 "이것이 옳은가, 그른가?" 혹은 더 중요한 "**이것이 나를 위한 하나님의 뜻인가?**"를 묻지 않고 '개인적 선택의 자유' 그리고 '느낌이 좋은 것'을 생각하게 하는 세속적 문화에 의해 구워삶아진다.

수많은 그리스도인이 겉으로는 하나님의 뜻에 관심을 갖고 있다고 주장한다. 그러나 주목할 점은, 실상은 그들이 성과 돈, 쾌락에 끌리도록 고안된 광고나 TV, 잡지 등 이런저런 방식으로 계속되는 폭격에 당하고 있다는 사실이다.

성과 돈 그리고 쾌락 자체가 꼭 나쁘다는 것은 아니다. 하지만 이런 것들에 대한 구미를 일부러 자극할 필요는 없다. 이미 이에 대한 욕구는 충분하며, 이번 장의 주제처럼 하나님의 뜻에 따라 이러한 자연스러운 욕구를 조절하는 방법을 배우는 것이 중요하다.

하지만 당신이 보는 TV 프로그램을 감시하고 구독하는 것을 검열하는 것이 궁극적인 해결책은 아니다. 바울도 이를 알았다. 그래서 그는 로마서 12장 2절에서 "마음을 새롭게 함으로 변화를 받"으라고 권면한다.

많은 그리스도인이 걸리는 덫은 바로 오래된 이중 잣대다. 하

하나님이 너무 과한 요구를 하신다고 생각하나?
그분이 당신을 위해 하신 일을 기억하라.

나는 겉으로 드러나는 행동을 위한 규칙이고, 다른 하나는 마음, 다시 말해 '삶에서 나온 생각'을 위한 것이다. '교회교'라고 부르는 게임을 배우기는 어렵지 않다. 특정 행동을 하지 않거나 아니면 하더라도 걸리지 않는 법을 배우면 된다. '열심이다' 혹은 '신실하다'는 말을 들을 정도로만 교회에 나오는 법을 배우면 된다. 그 모습이 꽤 경건한 것처럼 보일 수 있지만 그러는 동안 우리의 생각은 통제 불능으로 날뛰고 물질주의와 탐욕, 증오, 질투 등으로 가득 찬다.

그렇다면 우리는 어떻게 해야 할까? 하나님의 뜻을 원한다면, 그분께 우리 전부를 산 제물로, 몸과 마음을 둘 다 드려야 한다. 모든 것을 하나님께 맡기면 하나님께서 우리를 내면에서부터 새롭게 하실 수 있다.

어쩌면 이제 당신도 알아챘을 것이다. 하나님의 뜻은 단순히 온라인으로 쉽게 주문할 수 있는 상품이 아니다. 우리가 하나님의 뜻을 알기

위해서 공식이 필요하지는 않지만 모든 상황에 적용할 수 있는 기준은 있다.

당대 유명한 설교자였던 F. B. 마이어(F. B. Meyer)는 항해 중이었다. 어느 날 밤, 한 항구에 정박하려 할 때, 폭풍우가 몰아쳤고 항구의 입구는 너무 좁아 보였다. 마이어는 옆 가교에 서 있는 선장을 돌아보고 말했다. "선장님, 항구를 향해 언제 방향을 틀어야 하는지 어떻게 알 수 있습니까?"

선장이 대답했다. "바로 기술이지요. 해변에 불빛 세 개가 보이시나요? 저 불빛 세 개가 일직선상에 오면 바로 방향을 틀어 들어간답니다."

앨런 레드패스는 이 이야기를 하나님의 뜻을 찾는 방법에 접목해 그리스도인들을 위한 지침이 될 수 있는 세 가지 '표지등'을 제시한다. 이 세 가지 불빛은 바로 성경, 성령님의 내적 증언, 외적 상황이다.[3] 이 세 가지가 일직선상에 있다면 바로 나아가라. 아직 그렇지 않다면 기다리라. 기다리는 것은 어렵지만 많은 경우 그것이 최선일 수 있다.

이제 이 세 가지 불빛에 대해 더 자세히 알아보자.

1. 성경

하나님의 말씀으로 인도받는 것은 기본 중에 기본이다. 흥미롭게도, 우리는 하나님의 뜻을 알고 싶다고 말하면서 성경이 분명히 가르치는 것에 반하는 우리의 계획과 습관을 돌아보지 않는다. 성경이 뭐라고 가르치는지 모르면서 어떻게 하나님의 뜻을 찾는다고 말할 수 있겠는가? 이것은 마치 누군가에게 조언을 들으러 가서는 그 사람의 입을 막는 것과 같다. 사실 당신이 그 사람에게 원한 건 당신이 하는 모든 말에 그저 동의해 주는 것뿐이다.

또 하나 잘못된 개념은 성경을 '정답지'로 여기는 것이다. 쭉 훑어보면서 당신에게 도움이 될 만한 '딱 맞는 구절'을 찾으려고 한다. 성경은 하나님의 메시지이자 하나님과 나누는 대화다. 만약 당신이 하나님과의 소통에 진지하게 임하고자 한다면 그분께 말하고 그분이 당신에게 말씀하시게 하라. 이것이 성령님 안에서 걷는 첫 번째 단계다. (6장으로 돌아가 성령님 안에서 걷는 것에 대해 복습하라.)

2. 성령님의 내적 증언

성령님의 내적 증언은 당신이 성령님 안에서 걸어갈 때 찾아온다. 여기서 기도는 필수다. "기도해 봐야겠어."라는 말이 상투적으로 들리게 된 것은 참 유감스럽다. 어쩌면 우리는 이 말을 "이 문제에 대해 하나님과 이야기해 봐야겠어."로 바꿔야 할지도 모르겠다. 어떤 기도 제목은 크리스마스 소원 목록처럼 들리기도 한다. 또 어떤 기도는 우리가 '충분히 영적이고 받을 만한 자격이 있기' 때문에 하나님께서 해 주셔야 하는 숙제처럼 들린다. 하지만 기억하라. 기도는 하나님과 대화를 나누는 것이지 하나님께 대고 일방적으로 말하는 것이 아니다.

성령님의 내적 증언은 언제나 얻을 수 있다. 이 증언은 성령님 안에서 함께 걷고 생활하는 데서 나온다. 하지만 이것이 하나님의 '조언이 필요할 때'마다 누르는 버튼이 되어서는 안 된다. 우리의 지속적이고 일상적인 현실이 되어야 한다.

3. 외적 상황

마지막으로 외적 상황을 살펴보자. 우리는 보통 순서를 뒤바꾼다. 먼저, 문제를 해결하기 위해 회의를 소집하고 모든 증거를 검토한다. 아니면 누군가와 의논하거나 그 주제에 대해 연구한다. 하지만 상황에서 시작하면, 그 이상 넘어갈 수 없다. 하나님의 말씀이나 성령님의 내적 증언 없이 어떻게 상황을 판단할 수 있겠는가?

하지만 당신이 말씀과 성령님의 내적 증언으로 잘 준비되어 있다고 가정해 보자. 당신은 어떻게 상황을 판단하고 행동하겠는가? 이 과정은 흥미롭고 흥분되는 일이다. 우선 당신은 이미 알고 있는 것을 믿음으로 행해야 한다. 이때 당신이 행하는 것은 그럴 만한 가치가 분명히 있을까? 어떤 사람들은 이것을 '여러 문을 열어 보는 것'이라고 부른다. 그들은 때때로 하나님은 당신이 지나가길 원하는 하나의 문을 제외하고 다른 모든 문을 닫아 버리시기도 하고, 어떨 때는 맞는 문을 찾기 위해 여러 문을 열어 봐야 할 때도 있다고 말한다.

아니다, 하나님의 뜻은 속달 우편처럼 하늘에서 갑자기 뚝 떨어지지 않는다. 그 대신 하나님은 당신에게 성경 말씀을 주셨다. 그분은 성령님의 내적 증언을 통해 당신에게 말씀하실 것이다. 그리고 나서 외적 상황을 따져 볼 때 당신을 인도하실 것이다.

여전히 어떤 공식같이 들리는가? 물론 공식처럼 만들어 놓고 이 세 가지 기준을 '아주 종교적'으로 따를 수도 있다. 그러나 믿음, 신뢰 그리고 헌신 안에서 그리스도인답게 이 셋을 적용할 수도 있다. 만약 당신이 그리스도인답게 적용한다면 하나님의 뜻이 당신을 진정으로 만족시키시는 것을 직접 경험하게 될 것이다.

하나님의 뜻을 찾는 방법에 대한 다른 실제적인 조언을 이야기하는 로마서 12장을 계속 읽어 보고 자신을 어떻게 솔직하게 바라볼 수 있는지 알아보자. 부정적인 측면뿐 아니라 이로운 측면도 반드시 보라고 바울은 말한다.

로마서 12장 3-8절

3내게 주신 은혜로 말미암아 너희 각 사람에게 말하노니 마땅히 생각할 그 이상의 생각을 품지 말고 오직 하나님께서 각 사람에게 나누어 주신 믿음의 분량대로 지혜롭게 생각하라 4우리가 한 몸에 많은 지체를 가졌으나 모든 지체가 같은 기능을 가진 것이 아니니 5이와 같이 우리 많은 사람이 그리스도 안에서 한 몸이 되어 서로 지체가 되었느니라

6우리에게 주신 은혜대로 받은 은사가 각각 다르니 혹 예언이면 믿음의 분수대로, 7혹 섬기는 일이면 섬기는 일로, 혹 가르치는 자면 가르치는 일로, 8혹 위로하는 자면 위로하는 일로, 구제하는 자는 성실함으로, 다스리는 자는 부지런함으로, 긍휼을 베푸는 자는 즐거움으로 할 것이니라

진짜 중요한 유일한 한 가지

자신을 평가할 때 냉철하라고 바울은 말한다. 어떤 그리스도인들은 항상 실패하고 아무것도 성취해 내지 못한 자신이 '아무 쓸모가 없다'고 생각한다. 만약 당신이 이런 생각을 하고 있다면 당장 그 생각을 버리라. 하나님께서 당신을 용납하셨으므로 당신은 가치 있는 사람이다. 그리스도께서 당신을 위해 돌아가셨다. 당신에게는 무한한 잠재력이 있다. 스스로를 혹은 주님 되신 예수 그리스도를 싸구려 취급하지 말라.

냉철한 판단이라는 동전의 이면에는 우월 콤플렉스가 있다. 우리 가운데 그 누구도 하나님께 가치 있는 선물을 드릴 수 없다. 오히려, 하나님께서 **우리에게** 선물을 보내셔서 '죄'라는 독사의 굴에서 나오게 해 주셨다.

언제나 그렇듯 바울은 필요한 것, 즉 믿음에 초점을 맞춘다. 중요한 건 당신의 학점, 시험 점수, 맘껏 지출할 수 있는 돈이 아니라 당신의 **믿음**이다. 당신이 소싯적 '모범상' 혹은 '가장 성공할 것 같은 사람'으로 뽑혔다는 사실이 아니라 당신의 **믿음**이 중요하다.

모든 그리스도인은 서로를 필요로 하고 우리 모두는 그리스도가 필요하다. 봉사, 가르침, 설교, 구제(돈을 벌고 나눔), 친절, 그 외에 해야 할 일이 많이 있다. 다음 장에서 바울은 이런 일을 바로 실행할 수 있는 방법을 명쾌하게 설명한다.

더 깊은 묵상

1. 로마서 12장 1절을 가능한 한 많은 번역 성경으로 찾아 읽고, 그중 하나를 선택해서 암송하라. 이를 마태복음 16장 24절, 누가복음 9장 23절과 비교해 보라. '자기 부인'은 당신에게 어떤 의미인가? 자기 부인이 로마서 12장 1절과 무슨 상관이 있는가?

2. 필립스 번역의 로마서 12장 2절은 "당신 주위의 세상이 그들의 틀에 당신을 끼워 넣지 못하게 하고 하나님께서 당신을 새롭게 하셔서 당신의 전인격적인 마음의 태도가 변화되게 하십시오. 그래서 당신의 행실로 하나님의 뜻이 선하고, 그분께 용납되었으며 완벽하다는 것을 증명해 내십시오."라고 말한다. 이 말씀을 세속적인 것에 저항하는 것에 관한 다음 구절들과 비교해 보라. 고린도전서 7장 31절, 갈라디아서 6장 14절, 디모데후서 2장 4절, 히브리서 11장 24–26절, 요한일서 2장 15–17절. '세속적인 것'의 정의를 쓰고 세속적인 삶을 피할 수 있는 구체적인 방법 세 가지를 써 보라.

3. 당신이 하나님의 뜻을 찾을 수 있는 방법을 생각해 보라. 수레(하나님을 위한 당신의 섬김)가 말(당신의 기독교적 성품) 앞에 놓여 있는가? 당신을 위해 그분이 준비하신 사역에 당신이 준비될 수 있도록 하나님께서 단련시키고자 하시는 당신의 성품은 무엇인가? 이러한 것을 기도로 하나님께 내어드리고 하나님께서 당신 안에 그리스도를 닮은 성품을 다듬어 가시도록 믿음으로 그분께 헌신하라.

4. 이번 장에서 언급된 하나님의 뜻을 찾는 세 가지 지침(성경, 성령님의 내적 증언, 외적 상황)에 대해 생각해 보라. 당신은 상황에 근거하여 선택하는가 아니면 하나님의 말씀과 성령님을 통해 하나님께 기도하며 선택하는가? 하나님의 인도하심이 제일 첫 번째로 올 수 있게 어떻게 당신의 우선순위를 재정립할 수 있겠는가?

5. 당신의 삶에 가장 우선적으로 영향을 미치는 매체는 무엇인가? 이러한 영향력 중 걸러 내야 할 것이 있는가? 긍정적인 것과 부정적인 것을 모두 포함하여 내면으로부터 당신의 마음을 새롭게 하는 방법을 써 보라.

10장

당신의 기독교는 위조된 사랑인가?

"그리스도를 향한 위조된 사랑이라니? 가짜 기독교라고? 내 사랑과 믿음은 그렇지 않아! 내가 거듭났고 어린양의 피로 깨끗하게 되었다는 사실을 알려 주지. 시시한 자유주의 이념 따위는 나한테 통하지 않아. 나는 내가 천국에 들어갈 것을 믿어 의심치 않아. 내가 올바른 교리를 가지고 있는 건 틀림없어. 나는 주님을 섬기고 가끔이지만 십일조도 낸다고. 헌 옷을 선교지에 기부하기도 해. 그리고 크리스마스카드에 꼭 성경 말씀을 적어서 보내지. 나는, 나는…."

하지만 필요한 것이 한 가지 더 있다.

로마서 12장 9-21절

⁹사랑에는 거짓이 없나니 악을 미워하고 선에 속하라 ¹⁰형제를 사랑하여 서로 우애하고 존경하기를 서로 먼저 하며 ¹¹부지런하여 게으르지 말고 열심을 품고 주를 섬기라
¹²소망 중에 즐거워하며 환난 중에 참으며 기도에 항상 힘쓰며 ¹³성도들의 쓸 것을 공급하며 손 대접하기를 힘쓰라
¹⁴너희를 박해하는 자를 축복하라 축복하고 저주하지 말라 ¹⁵즐거워하는 자들과 함께 즐거워하고 우는 자들과 함께 울라 ¹⁶서로 마음을 같이하며 높은 데 마음을 두지 말고 도리어 낮은 데 처하며 스스로 지혜 있는 체 하지 말라
¹⁷아무에게도 악을 악으로 갚지 말고 모든 사람 앞에서 선한 일을 도모하라
¹⁸할 수 있거든 너희로서는 모든 사람과 더불어 화목하라
¹⁹내 사랑하는 자들아 너희가 친히 원수를 갚지 말고 하나님의 진노하심에 맡기라 기록되었으되 원수 갚는 것이 내게 있으니 내가 갚으리라고 주께서 말씀하시니라
²⁰네 원수가 주리거든 먹이고 목마르거든 마시게 하라 그리함으로 네가 숯불을 그 머리에 쌓아 놓으리라
²¹악에게 지지 말고 선으로 악을 이기라

이제 '척하기' 게임은 하지 말자

선을 행함으로 악을 이기라. 바울은 로마서 초반의 많은 부분을 할애하며 선한 일을 믿어야 할 필요성에 대해 이야기했다. 여기서부터 바울은 우리가 사는 삶의 현장에 대한 이야기를 시작한다. 이제는 바울이 참

견쟁이처럼 보이기까지 한다. 그는 우리에게 선한 일을 실제로 **행하라**고 권한다.

그리스도인들은 하나님을 사랑하고, 이웃을 사랑하고, 인류를 사랑하는 것에 대해 많이 이야기한다. 이 모든 '사랑스러운' 이야기는 무슨 의미일까? 우선 바울은 '척하기' 게임을 멈추라고 말한다. 이제 더 이상 진짜인 척하지 말라.

예를 들어, 바울은 우리에게 "악을 미워하고 선에 속하라"(롬 12:9)고 말한다. 이 말은 단순히 사고 치지 않게 조심하라는 뜻이 아니다. 더 나은 쪽으로 변화하도록 노력하라는 뜻이다. 직장에서, 학교에서, 그리고 무엇보다 가족이 있는 가정에서 변화를 일으키는 데 참여하라는 말이다.

오늘날 그리스도인이 빠지는 심각한 함정은 너무 많은 악함과 죄에 둘러싸여 있어서 이런 환경에 익숙해져 버렸다는 점이다. 그들은 더 이상 놀라지도 않는다. '잘 어울리고', 침묵하며, 문제를 일으키지 않는 방법을 터득한다. 많은 그리스도인이 악을 피하기는 하지만 **악을 미워하지는 않는다.** 많은 그리스도인이 선한 일을 지지하긴 하지만, **선을 위해 싸우지는 않는다.** 기독교라고 불리는 많은 것이 사실은 죄와 수동적으로 타협한 것일 때가 많다.

그렇다면 선을 행함으로 악을 이길 수 있는 능력과 동기는 어디서 구할 수 있을까? 바로 사랑이다. 진정한 사랑이 필요하다. "다른 사람을 사랑하는 척하지 말고 진심으로 그들을 사랑하십시오"(롬 12:9, NLT성경). 로마서 12장은 우리 자신이 아닌 다른 사람에게 더 많은 관심을 갖는 방법에 대한 짧은 강의라고 할 수 있다. 이것은 정말 어려운 일이다. 우리의 심리 구조는 가장 중요한 것, 바로 나 자신을 제일 먼저 걱정하게 되어 있다. 자기 보호 본능은 마치 호흡을 하는 것처럼 자연스럽다. 우리는 재빨리 우리 자신과 권리를 방어한다. 우리의 자아는 '취급 주의' 딱지를 붙여야 할 만큼 쉽게 상처받는다.

그런데 우리가 그리스도인이 되고 나면 갑자기 우리의 권리는 사라지고 의무만 주어진다. 이 얼마나 부당한 일인가? 맞다. 그리스도인에게 자원과 도움이 없다면 이는 부당하다. 로마서 12장에서 바울이 제안한 대로 사는 것은 인간적으로 불가능하다. 하지만 바울이 로마서 6, 7, 8장에서 분명히 지적했듯이, **초자연적인 능력**으로는 가능하다. 성령님 안에서 걷는 것은 기이한 종교적 행위가 아니다. **당신**이 살고 있는 일상을 위한 것이다.

바울은 이제 지극히 실제적으로 접근한다. 당신은 그리스도와 함께 못 박혔다고 말하는가? "죄에 대해서 죽고 그리스도와 함께 살아났다."고 고백하는가? 그렇다면 당신이 실제로 이타적으로 살고 사랑할 수 있는가는 당신의 새로운 능력을 시험하는 가장 좋은 방법이다. 다른 이들을 이타적으로 사랑한다고 하면서 동시에 자신의 권리를 주장하는 것은 모순이다. 우리는 하나님과 자신을 동시에 섬길 수 없다. 한 손에 성경책을 들고서 다른 손에 개인의 권리 장전을 들고 흔들어 댈 수는 없다.

"하지만 우리 교회에 진짜 이타적인 사랑을 보여 주는 그리스도인은 거의 없어요. 왜 내가 첫 타자가 되어야 하지요?"

그렇다. 왜 하필 당신이 첫 타자가 되어야 할까? 어차피 잘 해내지 못할 텐데 말이다. 그렇게 한들 사람들은 아마 당신이 갑자기 영성이 과도해졌다고 생각하고 말지 모른다. 심지어 사회적 명성까지 잃을 수 있다.

로마서 12장에 나열된 선한 행위에 '휘말리지 않기 위한' 핑계를 대려면 끝도 없다. 하지만 핑계를 댄다고 해서 그 요구가 없어지는 것은 아니다. 바울은 그리스도인이 실패 없이 지켜 내야 하는 율법 조항을 나열하는 것이 아니다. 우리가 도달할 수 있는 목표를 설정하고 마음을 정하게 하는 것이다.

물론 이타적으로 사랑하는 것을 완벽하게 해낼 수는 없을 것이다. 또 비난받고 심지어 비웃음을 당할 수도 있다. 하지만 바울이 로마서 12장에서 다른 사람들을 더 존중하고, 기독교적 열심이 느슨해지지 않게 하며, 고난 중에 기뻐하고 인내하고, 어려움에 처한 성도를 도우며, 당신을 핍박하는 사람을 축복하라고 이야기하는 것은 당신의 몸을 "산 제물"(롬 12:1)로 드린다는 개념에 살을 붙이는 것이다.

자신의 선교지에 대해 생각하던 한 젊은이에게 한 선교사가 건넨 조언 속에 산 제물이 된다는 것의 의미가 매우 적절하게 표현되어 있다.

자러 가기 전에 냉장고에서 먹을 것을 찾거나, 혹은 음료를 사러 구멍가게에 가는 대신, 그런 것들 없이 그냥 잠자리에 들도록 노력하라. 그래야 나가서 그것들을 얻지 못해도 죽을 만큼 괴롭거나 그립지 않을 것이다. 잡담을 줄이고 집에 일찍 들어와 더 많은 시간을 연구와 묵상에 쓰도록

하라. 선교지에서는 너의 모국어로 친근하게 잡담을 나눌 수 있는 기회 없이 수개월을 보내야 할 수도 있다. 너가 좋아하지 않는 음식에 목이 메어 캑캑거리거나 불평 없이 먹을 수 있도록 훈련하라.

온기가 들어오기 전에 이불을 박차고 일어나 주님과 함께 시간을 보내라. 다음번에 야영지에 가게 되면 2주 동안 바닥에서 자는 연습을 하라. 너의 소명과 그리스도인으로서 느끼는 기쁨이 네가 경험하는 안락과 편의에 반비례하여 달라지는지 알아보라.

내가 꾸며 낸 이야기라고 생각하지 않길 바란다. 나는 아이스크림과 사탕을 너무 그리워하고, 다른 사람들과의 교제가 없으면 잘 지낼 수 없으며, 추운 날씨를 항상 불평하거나, 스프링이 든 매트리스에서 8시간을 푹 자지 않으면 진지한 일에 매진할 수 없어서 일을 끝낼 수 없다고 핑계를 대던 사람들을 기억한다. 이러한 이유가 사역지를 떠나는 결정적인 요인이 되어 어떤 사람들은 사역을 아예 그만 두기도 했다.

"하지만 저는 선교지로 가는 상황이 아니잖아요."라고 말할지도 모르겠다.

선교지로 가는 상황이 아닌가? 그렇다면 지금 당신이 어디에 있다고 생각하는가? 당신의 가정, 학교 혹은 직장이 뭄바이의 거리나 아우카 마을 같은 선교지가 아닌가?

모든 그리스도인은 선교사다. 선교사는 다른 사람들에게 복음을 전하고 기쁜 소식이 되기 위해 파송되는 사람이기 때문이다. 모든 그리스도인은 그 몸을 산 제물로 드리라는 소명을 받았다. 다른 사람을 사랑하는 척하지 말고 진정으로 사랑하라. 그들을 도와주기 위해 애쓰고, 실없는 소리라도 받아 주며, 그들의 실수를 넘어가 주라. 특히 우리가 너무나 잘하는, 소위 세련된 재담을 주고받는답시고 서로의 말을 끊거나 묵살하지 마라.

당신이 믿는 기독교는 위조된 사랑을 드러내고 있지는 않은가? 진정한 그리스도인의 사랑은 가장 먼저 당신의 일상을 진심으로 그리고 이타적으로 하나님께 드리는 것을 의미한다. 그러면 하나님께서는 당신 주변에 사랑하기 힘든 사람들을 보내셔서 당신의 진정성과 이타성을 증명하시고, 시험하시고, 단련하신다.

우리 모두는 완전한 그리스도인의 사랑을 보여 주는 것에 많이, 또 자주 실패한다. 하지만 믿음은 우리가 실패한 그 자리에서부터 시작된다. 우리는 믿음으로 죄책에서 구원받기만 한 것이 아니다. 우리의 믿음은 죄와 유혹을 이기는 것에서 끝나지 않는다. **우리는 믿음으로 섬기고 사랑한다.**

산 제물이 될 수 있는 수많은 기회가 바로 이렇게 살아가고, 사랑하고, 섬기는 그 일상적인 삶, 무한 경쟁의 삶 가운데에 있다. 산 제물이 되지 않는다면 그저 불에 탄 제물로 남을 뿐이다.

더 깊은 묵상

1. 로마서 12장 9절을 암송하라. 이 구절을 로마서 12장 1-2절과 비교해 보라. 진정한 그리스도인의 사랑에 필수적인 기본 조건은 무엇인가?

2. 일부 그리스도인이 아닌 사람들이 다른 많은 그리스도인보다 더 많은 사랑을 실천하는 것처럼 보일 때가 있다. 왜 그런가?

3. 불쾌하고 짜증나는 사람, 아니면 별로 좋아하지 않거나 친하지 않은 사람을 사랑하는 것은 불가능하다고 불평하기 쉽다. 로마서 12장 9-21절을 다시 주의 깊게 읽어 보라. 다른 사람을 사랑하는 것에 대해 바울이 제시한 방법 중 우리가 그들을 좋아하는 정도에 달려 있는 것이 몇 개나 있는가? 누군가를 좋아하는 것과 당신의 행동으로 그들에게 사랑을 보이는 것 사이의 차이점은 무엇인가?

4. 당신이 살고 일하는 당신의 선교지를 놓고 몇 분간 기도하는 시간을 가지라. 당신이 만나고 영향을 끼치는 영역 안에 있는 사람들에게 그분의 사랑을 보임으로써 자신을 증명할 수 있는 기회를 달라고 하나님께 구하라.

11장

당신에게 필요한 유일한 법

"지켜야 할 율법이 하나밖에 없다고요? 듣던 중 반가운 소리네요. 규제니, 법칙이니, 통금이니, 이런 불필요한 절차에 진저리가 난다고요. '이 서류를 작성하라.', '세 장 모두 서명하라.' 혹은 교통 법규나 납세법, 병역법 등 규칙들 말이에요. 독재적 관료주의에 숨통이 조이는 것 같아요. 언젠가 그들에게 보여 줄 겁니다. 강압적이고 무능한 그들에게 완전히 질려 버렸다고요. 가장 적게 참견하는 정부가 최고의 정부라는 말은 확실히 맞는 말이에요. 간섭이 '더 적을수록' 우리 주머니 사정은 더 낫지요…."

그러니까 당신은 지금 권위, 특히 불공정함과 부정부패, 비효율성에 질렸다. 정의의 의사봉 소리와 자유의 종소리를 듣고 싶을 것이다. 하지만 먼저, '당신에게 필요한 유일한 법'에 대해 알아보자. 권위와 정부에 대한 바울의 생각을 들으면 깜짝 놀랄 수도 있다.

로마서 13장 1-10절

¹각 사람은 위에 있는 권세들에게 복종하라 권세는 하나님으로부터 나지 않음이 없나니 모든 권세는 다 하나님께서 정하신 바라 ²그러므로 권세를 거스르는 자는 하나님의 명을 거스름이니 거스르는 자들은 심판을 자취하리라 ³다스리는 자들은 선한 일에 대하여 두려움이 되지 않고 악한 일에 대하여 되나니 네가 권세를 두려워하지 아니하려느냐 선을 행하라 그리하면 그에게 칭찬을 받으리라 ⁴그는 하나님의 사역자가 되어 네게 선을 베푸는 자니라 그러나 네가 악을 행하거든 두려워하라 그가 공연히 칼을 가지지 아니하였으니 곧 하나님의 사역자가 되어 악을 행하는 자에게 진노하심을 따라 보응하는 자니라 ⁵그러므로 복종하지 아니할 수 없으니 진노 때문에 할 것이 아니라 양심을 따라 할 것이라 ⁶너희가 조세를 바치는 것도 이로 말미암음이라 그들이 하나님의 일꾼이 되어 바로 이 일에 항상 힘쓰느니라 ⁷모든 자에게 줄 것을 주되 조세를 받을 자에게 조세를 바치고 관세를 받을 자에게 관세를 바치고 두려워할 자를 두려워하며 존경할 자를 존경하라 ⁸피차 사랑의 빚 외에는 아무에게든지 아무 빚도 지지 말라 남을 사랑하는 자는 율법을 다 이루었느니라 ⁹간음하지 말라, 살인하지 말라, 도둑질하지 말라, 탐내지 말라 한 것과 그 외에 다른 계명이 있을지라도 네 이웃을 네 자신과

같이 사랑하라 하신 그 말씀 가운데 다 들었느니라 ¹⁰사랑은 이웃에게 악을 행하지 아니하나니 그러므로 사랑은 율법의 완성이니라

아직까지 빚이 쌓여 있는가?

사랑이 바로 당신에게 필요한 유일한 법이다. 우리는 다시 사랑에 대한 이야기로 돌아왔다. 하지만 정부와 사랑이라니 이 얼마나 이상한 조합인가. 도대체 사랑이 세금을 내거나 속도위반을 하지 않는 것과 무슨 상관이 있단 말인가?

사실 매우 긴밀하게 연결된다. 바울은 단순히 편지의 장수를 채우려고 정부에 복종하는 일에 대하여 쓴 것이 아니다.

12장에서 바울은 일상에서 그리스도인다운 삶을 사는 방법과, 우리가 일상적으로 만나는 사람들에게 그리스도의 사랑을 나누는 방법에 대해 이야기했다. 그렇다면 바울이 12장에서 다룬 개별적 상황을 넘어서 공동체의 일원, 정부의 한 시민으로서 그리스도인의 삶을 살아가는 것에 대해 13장에서 이야기하는 것은 어쩌면 당연하다.

사람이 사는 곳이라면 어디든지 어떤 형태로든 정부가 존재한다. 그리고 바울은 바로 시작부터 다음 한 가지 사실을 명백하게 밝힌다. "**권세는 하나님으로부터 나지 않음이 없나니**"(롬 13:1). 이는 모든 정부가 (심지어 잔인하고 독재적이라 할지라도) 하나님의 계획과 허락된 뜻 안에서 세워졌음

을 의미한다. 즉 폭군도 성인과 함께 하나님의 목적을 수행하고 있는 것이다.

바울이 로마 교회에 편지를 쓴 시점은 그리스도인에 대한 끔찍한 핍박과 순교가 시작되기 몇 년 전이었다. 얼마 지나지 않아 A. D. 64년, 네로 황제는 로마의 대부분을 집어삼킨 끔찍한 화재를 설명하기 위한 희생양이 필요했다. 그리스도인은 모든 범죄의 유력한 용의자로 지목되었는데, 이들이 '황제 위에 신은 없다'는 로마의 법을 순종하지 않았기 때문이다. 하지만 그리스도인들에게는 확실히 황제 위에 하나님, 곧 주 예수 그리스도께서 계셨다. 그들은 황제의 동상 앞에 제물을 바치기를 거부했고, 로마 어디를 가도 볼 수 있었던 이방신과 우상에게 절하지 않았다. 아이러니하게도 하나님만 믿는 믿음 때문에 그리스도인들은 '무신론자'로 낙인찍혔다. 뼛속까지 로마인이었던 로마 시민들 입장에서 그리스도인들은 그 어떤 신도 믿지 않는 것처럼 비쳤기 때문이다.

바울은 유대인이었지만 로마 시민권자로 태어났다. 그는 로마법과 로마의 통치 아래 살아가던 그리스도인이 느끼는 갈등을 알았다. 그래서 시민권에 대한 기독교적 개념에 대해 말을 덧붙일 필요를 느낀 것이다.

일단, **바울은 그리스도인이 유대인처럼 저항 세력으로 낙인찍히길 원하지 않았다.** 팔레스타인 지역은 아마 로마 제국의 가장 큰 골칫거리였을 것이다. 그 어떤 유대인도 로마법에 만족하지 않았다. 심지어 열심당이라고 불리던 광적인 유대인 '게릴라'들은 지속적인 테러를 자행하기로 맹세하기도 했다. 할 수만 있으면 로마인을 살해할 뿐 아니라 로마 정부에 공물을 바친 동족 유대인의 밭과 집에 불을 지르기도 했다. 바울은 이러한 유대인 반란에 끼고 싶지 않았다. 이것은 기독교 신앙과 윤리에 완전히 모순되는 일이었다. 어떻게 그리스도인이 다른 사람의 목을 베면서 그리스도와 다른 이들을 위한 사랑을 증언할 수 있겠는가?

바울이 정부에 복종하는 것에 대해 가르친 이유가 몇 가지 더 있다. 그 이유는 오늘날에도 동일하게 적용된다. 예를 들어 바울은 누구도 그가 속한 공동체에서 완전히 분리될 수 없다는 사실을 알았다. 한 사회의 일원이 되는 것은 특권과 동시에 책임을 수반한다. 믿는 사람은 교회에 대한 의무가 있는 것처럼, 정부가 내세우거나 행하는 모든 일에 다 동의하지 않더라도 그가 속한 국가에 대한 의무를 지닌다. 정부가 어떤 종류인지, 얼마나 큰지, 얼마나 개입하는지, 정부를 둘러싼 논쟁은 인간의 역사가 시작된 이래로 격렬하게 이어졌다. 하지만 정부의 필요성에 대해서는 이견이 없었다. 국가의 조직과 보호가 없으면, 우리는 밀림의 약육강식 법칙에 따라 살아갈 수밖에 없기 때문이다.

게다가 국가는 인간 개인의 힘으로는 절대 누릴 수 없는 혜택과 이익을 제공한다. 여기에는 상수도와 하수 처리 시스템, 법정, 학교 등이 포함된다. 국가로부터 얻을 수 있는 것들을 누리면서 국가에 대한 협력과 충성을 다하지 않아도 되는 사람은 아무도 없다.

하지만 바울이 로마 정부에 복종할 것을 조언하는 가장 중요한 이유는 **로마 제국을 일촉즉발의 상황을 덮기 위해 하나님께서 사용하시는 도구로 보았기 때문이다.**

바울은 '팍스 로마나'(Pax Romana, 바울 시대에 만연했던 로마의 평화)를 복음 전파에 유리하게 이용해야 한다고 믿었다. 평화가 있는 한, 심지어 무력으로 (어떨 때는 잔인하게) 얻은 평화라 할지라도 바울은 복음을 전파하는 데 이것이 더 큰 기회가 된다고 생각했다. 로마가 알든 모르든, 바울은 로마가 그의 선교 사역을 도와준다고 생각했다. 바울은 바로 이러한 이유에서, 지혜로운 그리스도인은 국가를 방해하지 말고 언제나 도와야 한다고 생각했다.[1]

그래서 바울은 올바른 시민권에 대해 다시 짧게 교육했다. 국가의 법에 복종하고 권세자를 존중하고 그들에게 협조하라고 말이다(당신에게 죄가 없다면 걱정할 일이 뭐가 있겠는가?). 벌을 받지 않기 위해서뿐만 아니라 솔직히 그렇게 하는 것이 옳은 일인 것을 당신도 알고 있기 때문에 복종해야 한다. 세금과 요금을 내고 권세에 복종하라. 그리고 통치자를 존중하고 존경하라(롬 13:1-7).

로마서 13장 8절에서 바울이 어떻게 그의 생각을 자연스럽게 신학적 주제로 전환하는지 주목하라. "피차 사랑의 빚 외에는 아무에게든지 아무 빚도 지지 말라 남을 사랑하는 자는 율법을 다 이루었느니라." 경찰, 세금, 통치자를 존경하라는 세속적인 주제에서 '사랑의 빚'으로 넘어가다니 얼마나 희한한 생각의 전환인가. 바울의 말은 무슨 뜻일까?

간단하게 말하면 이렇다. 식료품점, 백화점, 중고차 가게에서 당신이 내야 하는 돈을 지불하라. 학교 복도, 도시의 거리, 직장 사무실 등에서 마주치는 권위자를 따르라. 사회 정의를 위해 기름칠을 하고, 최대한 사회가 부드럽게 돌아갈 수 있도록 유지하라. 다른 사람의 권리를 범하거나 침해하지 말라. **만약 당신이 진정으로 좋은 시민이 되기 위한 원동력과 능력을 원한다면, 계속해서 모든 사람에게 사랑의 빚을 지고 또 갚아 나가라.**

그렇다면 이 사랑의 빚은 무엇인가? 그것은 이웃을 당신의 몸과 같이 사랑하는 것이다. 이 계명, 이 율법을 지키면 저절로 다른 모든 율법을 지키게 된다. 당신이 진심으로 사랑의 율법을 지키고자 한다면, 당신에게 필요한 것은 사랑의 빚을 지는 것뿐이다. 그렇게 되면 사회의 법이 문제가 되거나 저항과 시위의 대상이 되지 않는다. 사회의 법은 다른 사람들을 내 몸과 같이 사랑하고, 그럼으로써 하나님의 요구에 부응하라는 목표를 성취하도록 돕는 지침일 뿐이다.

성경의 율법이든 민법이든, 심지어 가정에서 정한 규칙이든, 대부분의 법은 '하지 말라'는 금지의 집합체다. 가정, 학교, 직장, 국가의 법과 규칙은 다른 이의 권리가 침해되는 것을 막기 위해 존재한다. 인간은 죄라는 보편적 저주 아래에 있다. 그런 인간들로 구성된 사회가 운영되려면 법과 규칙은 반드시 필요하다. 그리고 사랑은 우리에게 필요한 유일한 법이다. 그러나 그 법을 실천하거나 따르려는 사람은 거의 없다.

바울은 로마서 13장에서 그리스도인은 좋은 시민이 될 때 얻는 이익도 뚜렷하지만 맡은 책임도 분명하다고 말한다. 그리스도인 시민이라면 "내 권리는 뭐지? 공정하게 대우받고 있나?"를 따지기 전에 "내가 사랑의 율법을 따라 살아가고 있나?"를 먼저 물어야 한다.

사랑의 율법 속 '하라'는 긍정적인 명령에 주의를 기울이면, 우리는 모두를 위한 정의 실현에 필요한 '하지 말라'고 쓰인 긴 목록에 얽매이는 것을 자동으로 피할 수 있다. 사랑의 율법을 따르면 올바른 시민 정신을 완전히 다른 관점으로 보게 된다. 당신은 문제를 피하기 위해서가 아니라 모든 것의 보편적 선을 추구하기 위해서 기관의 규칙과 규제를 따른다. 감옥에 가거나 교통 재판소에 가지 않기 위해 교통 법규를 지키는 것이 아니라 다른 이의 생명과 재산을 존중하기 때문에 지킨다. 그리고 국세청과의 마찰을 피하기 위해서가 아니라 정부와 그들의 예산 집행을 신뢰하기 때문에 세금과 요금을 낸다.

사랑의 법을 적용하는 방식은 무궁무진하다. 사랑의 법을 지키는 그리스도인은 사기를 치거나 훔치지 않는다. 또 살인하거나 원수를 불구로 만들지 않는다. 오히려 원수와 친구가 되려고 노력한다.

사랑의 법으로 사는 그리스도인은 권위를 위협으로 여기지 않는다. 그리고 정부가 불완전하고 심지어 막대한 실수를 한다고 해도 불법적으로 폭동을 일으키거나 데모하지 않는다. 그렇다고 그리스도인이 사회의 방관자가 되어야 한다는 말은 아니다. 사실 그들은 정의와 도덕성, 시스템의 변화를 위한 투쟁에 폭력이 아닌 투표를 통해서 적극적으로 참여해야 한다. 그리스도인은 다른 동기를 가지고 싸운다. 단순히 다른 이에게 해를 가하는 상황을 피하거나 막기 위해서가 아니라, 모두를 위한 정의를 추구하기 위해 싸운다. 사랑의 법은 정의를 초월한다. 사랑의 법은 다른 이들에게 긍정적으로 선을 끼치는 방식을 추구한다.

이것만이 그리스도인에게 필요한 유일한 법이다.

좋은 시민이 되어야 하는 다른 이유, 그 현실적 위급함을 담아 바울은 13장을 마무리한다. 하나님을 위해 사는 길은 인기가 없다. 하지만 당신이 그렇게 살고자 해서 격려가 필요하다면 다음 본문을 읽어 보라.

로마서 13장 11-14절

[11]또한 너희가 이 시기를 알거니와 자다가 깰 때가 벌써 되었으니 이는 이제 우리의 구원이 처음 믿을 때보다 가까웠음이라 [12]밤이 깊고 낮이 가까웠으니 그러므로 우리가 어둠의 일을 벗고 빛의 갑옷을 입자 [13]낮에와 같이 단정히 행하고 방탕하거나 술 취하지 말며 음란하거나 호색하지 말며 다투거나 시기하지 말고 [14]오직 주 예수 그리스도로 옷 입고 정욕을 위하여 육신의 일을 도모하지 말라

더 깊은 묵상

1. 로마서 13장 1-2절과 에스라 7장 26절, 전도서 8장 2절, 마태복음 17장 25-27절, 22장 15-21절, 디도서 3장 1절, 베드로전서 2장 13-14절을 비교해 보라. 우리는 왜 정부에 따라야 하는가? 그 어떤 형태의 정부도 없이 사람들이 함께 살아갈 수 있는가? 왜 그렇게 생각하는가?

2. 로마서 13장 1-7절을 여러 번역본으로 읽어 보라. 누군가 이 본문에서 바울이 불의함 속에 살고 있는 사람들은 그저 그들의 몫에 만족하고 용납해야 함을 말한다고 주장하면 당신은 어떻게 대답하겠는가?

3. 로마서 13장 1-7절을 신명기 16장 20절, 시편 82편 1-5절, 잠언 21장 3절, 29장 27절, 사도행전 5장 17-42절(29절에 주목하라.)과 비교해 보라. 그리스도인이 억압적인 정부를 피해 나라를 떠나는 것이 옳은가? 만약 당신이 그런 나라에서 살고 있는데 빠져나갈 기회가 있다면 어떻게 하겠는가? 왜 그렇게 하겠는가?

4. 로마서 13장 10절을 암송하라. 당신의 가정, 직장, 학교 혹은 공동체에서 사랑의 빚을 갚아야 할 사람은 누구인가? 그 빚을 지금 당장 갚을 수 있는 구체적인 계획을 작성해 보라.

12장

그리스도인들이
너무나 잘하는 게임

 "그는 좋은 사람이긴 해요, 하지만⋯." "새로 짠 계획이 어느 정도 말이 되긴 하지만⋯." "판단하면 안 된다는 걸 알지만 그런 행동을 하는 아이라면⋯." "뭐라고 말할 입장은 아니지만, 아무래도 보고해야 할 것 같아서요⋯." "그들 나름대로의 의견도 있겠지만, 어떻게 성경에서 그런 말도 안 되는 생각을 할 수 있는지 알 수가 없군요⋯."

 익숙하지 않은가? '평가'라는 잘 알려진 게임에서 쓰이는 말들이다. 흔히 쓰이는 다른 이름으로는 '뒷담화,' '다른 사람 판단하기' 그리고 '거룩함을 가장한 비방'이 있다. 가장 해로운 형태로 발전하면 대놓고 하는 험

담이 된다. 배우기 쉽고 아주 오래된, 우리가 가장 즐겨하는 게임이다. 몇 명이든 할 수 있고 우리 모두가 어느 정도는 할 줄 아는 게임이다. 바울이 지적하듯, 그리스도인들은 이 게임을 너무나도 잘한다.

로마서 14장 1-12절

[1]믿음이 연약한 자를 너희가 받되 그의 의견을 비판하지 말라 [2]어떤 사람은 모든 것을 먹을 만한 믿음이 있고 믿음이 연약한 자는 채소만 먹느니라 [3]먹는 자는 먹지 않는 자를 업신여기지 말고 먹지 않는 자는 먹는 자를 비판하지 말라 이는 하나님이 그를 받으셨음이라 [4]남의 하인을 비판하는 너는 누구냐 그가 서 있는 것이나 넘어지는 것이 자기 주인에게 있으매 그가 세움을 받으리니 이는 그를 세우시는 권능이 주께 있음이라

[5]어떤 사람은 이 날을 저 날보다 낫게 여기고 어떤 사람은 모든 날을 같게 여기나니 각각 자기 마음으로 확정할지니라 [6]날을 중히 여기는 자도 주를 위하여 중히 여기고 먹는 자도 주를 위하여 먹으니 이는 하나님께 감사함이요 먹지 않는 자도 주를 위하여 먹지 아니하며 하나님께 감사하느니라 [7]우리 중에 누구든지 자기를 위하여 사는 자가 없고 자기를 위하여 죽는 자도 없도다 [8]우리가 살아도 주를 위하여 살고 죽어도 주를 위하여 죽나니 그러므로 사나 죽으나 우리가 주의 것이로다 [9]이를 위하여 그리스도께서 죽었다가 다시 살아나셨으니 곧 죽은 자와 산 자의 주가 되려 하심이라

[10]네가 어찌하여 네 형제를 비판하느냐 어찌하여 네 형제를 업신여기느냐 우리가 다 하나님의 심판대 앞에 서리라 [11]기록되었으되 주께서 이르시되 내가 살았노니 모든 무릎이 내게 꿇을 것이요 모든 혀가 하나님께 자백하리라 하였느니라

[12]이러므로 우리 각 사람이 자기 일을 하나님께 직고하리라

금기인가 아닌가?

이 질문에 대한 답은 명확하다. 로마의 그리스도인들은 매우 다양했다. 이교도부터 유대교 출신까지 아주 다양한 배경을 가지고 있었다. 그리고 셀 수 없을 만큼 많은 이교도 풍습과 관습에 둘러싸여 있었다. 그래서 그들은 많은 부분에서 그리스도인이라면 어떻게 행동해야 하는지 끊임없이 질문에 부딪쳤다.

바울은 이러한 초기 그리스도인들이 그들의 딜레마에서 **빠져나올** 수 있도록 '돕기 위해' 해야 할 일과 하지 말아야 할 일의 구체적인 목록을 보내지는 않았다. 그 대신에 바울은 그리스도인의 행실과 윤리의 지침이 되는 기본 원칙을 보냈다.

예를 들어 바울은 편지에 오늘날에는 다소 이상하게 들리지만 당시 로마 그리스도인들에게는 아주 현실적이었던 문제를 다룬다. 일부 성도는 자기만의 순수한 음식 규범을 가지고 있었던 듯한데, 그들은 엄격하게 모든 형태의 고기 섭취를 자제했다. 이 채식주의자들은 아무런 양심의 가책 없이 스테이크와 구이를 즐기는 그리스도인들을 불신의 눈으로 바라봤다. 또 다른 경우 고기의 **종류**에 대해 이의를 제기하기도 했다. 예를 들어 유대교에서 개종한 그리스도인들은 돼지고기를 먹는 것에 분개했다. 게다가 "그리스도인들이 이교도 제물로 사용된 짐승에서 나온 고기를 사거나, 제공하거나, 먹어도 되는가?"라는 까다로운 질문도 있었다. 이교도 제사에 사용된 고기는 제사가 끝난 후 저렴한 가격으로 팔렸다. 최상급의 짐승만이 제물로 사용될 수 있었기 때문에 질과 맛으로 따지면 좋은 고기이기도 했다.

어떤 그리스도인들은 우상에게 바쳐진 짐승에게서 나온 고기를 사서 먹는 것에 거리낌이 없었다. 그들에게 우상은 나무나 돌을 깎아 만든 조각품에 지나지 않았다. 고기는 손상되거나 변질되지 않고 먹기에 딱 알맞았다. 하지만 다른 그리스도인들은 이 생각에 경악을 금치 못했다. 그들에게 이교도 제사에 사용된 짐승에게서 나온 고기는 '영적으로 부정한 것'이었고, 진정한 그리스도인의 식탁에 올라와서는 안 되는 것이었다.

'고기를 먹을 것이냐 말 것이냐'는 로마 교회에서 사소한 질문이 아니었다. 일부 '반 고기파 그리스도인들'은 고기를 먹는 '덜 양심적인' 그리스도인 형제들의 구원을 의심하기까지 했다. (다음 이야기는 익숙할 것이다.)

무슨 요일에 예배를 드려야 하는지와 같은 문제도 있었다(롬 14:5-6). 어떤 그리스도인들은 이미 정해져 있는 종교적 휴일에 예배를 드려야 한다고 주장했다. 다른 성도들은 모든 날이 하나님을 예배하기 위한 날인데 왜 특정 요일을 더 중요하다고 지정해야 되는지 의문을 제기했다.

그렇게 논란이 벌어졌고 이와 같은 논란들은 지금도 여전히 계속되고 있다. 논란의 주제만 다를 뿐 그 결과는 같다. 우리 그리스도인들은 서로 생각하는 것이 다르고, 그러기에 서로를 판단한다. 서로 평가하고, 비난하고, 무너뜨린다. '다른 이들의 영성 키워 주기'라는 명목 아래 소위 영적인 방식으로 이루어지는 일종의 게임이다.

"글쎄 조지가 산속 별장에 그 돈을 다 썼다는 이야기 들었어요?"

"그러니까 말이에요. 그런데 좋은 가격에 자재를 구했다고 말하더군요."

"그랬을 수도 있죠. 그래도 그 돈을 가지고 고아를 후원하거나 개발도상국에 식량을 보내는 데 사용했다면 얼마나 좋았을까요."

그리스도인들이 즐기는 이런 게임에 대한 바울의 조언은 간단하다. "하지 마라." 그의 논리 또한 간결하다. 다른 이의 종을 비난하지 마라. 모든 그리스도인은 하나님의 종이므로 그들이 돈을 어디에 쓸지 성령님께서 찔림을 주시도록 놔둬야 한다(롬 14:4).

이것은 좋은 조언이지만 한 가지 질문이 남는다. 어떻게 이 권면을 구체적인 상황에 적용할 수 있을까? 항상 온화한 태도만을 취하며 이도 저도 아닌 우유부단한 사람으로 살아야 한다는 말일까?

바울이 본문에서 무슨 말을 하려고 하는지 이해한다면 이 질문에 답을 얻는 데 도움이 될 것이다. 바울은 그리스도의 신성이나 믿음으로 구원을 받는 것 등 기본 교리에 대해 '정반대'의 견해를 가져도 상관없다는 말을 하는 것이 아니다. 바울은 여기서 두 견해가 동일하게 유효하고 유용한, 논란의 여지가 있는 문제를 다룬다. 바울에게 로마에서 일어난 고기와 예배일에 대한 분쟁은 정당한 분쟁의 범주에 속했다. 그래서 바울은 누가 옳다 판단하지 않는다. 그리고 삶의 많은 영역에서 어떤 문제들은 답이 칼같이 나눠지거나 흑백으로 나눌 수 없다는 기본 원칙을 다시 소개한다. **그리스도인은 자신이 진짜로 믿는 것이 무엇인지 알기 위해**

스스로의 양심을 들여다봐야 한다. "어떤 사람은 이 날을 저 날보다 낫게 여기고 어떤 사람은 모든 날을 같게 여기나니 각각 자기 마음으로 확정할지니라"(롬 14:5).

다른 핵심 요소는 바울이 1절에서 언급하는 '믿음이 연약한 형제'의 정체성이다. 어떤 그리스도인들은 자신들이 금기시하는 것을 지키지 못한 형제를 '믿음이 약하다'고 폄하하기도 한다. 이것이 바울이 말하는 '믿음의 연약함'일까? 14장에 바울은 고기 관련 논쟁에서 이교도 제물로 쓰였든 아니든 간에 자유롭게 고기를 먹는 자들의 편에 서 있음을 명확히 한다. 바울은 인간의 율법으로 따지는 금기를 넘어 자유 안에서 살아가는 이들이 곧 믿음이 약한 자들인 것은 아니라고 말한다. 오히려 **율법에 걸려 넘어지는 이들이 약한 것**이고, 이들이야말로 용납되고 이해받아야 한다.

여기서 우리는 두 가지 교훈을 얻을 수 있다.

1. 사소한 문제를 완전히 과장할 수 있다. (이미 많은 교회가 뼈저리게 배웠듯이) 중대한 것보다 사소한 것에 집중하는 것은 언제나 분열로 가는 지름길이다.
2. 어떤 사람이 당신이 동의하지 않는 개인적인 습관이나 생각을 가지고 있을 때, 그 사람을 판단하고 '믿음이 약하다'거나 '깊이가 얕다'고 말하기 쉽다. 하지만 실상은 **당신**이 기독교적 자유 안에 살지 않고 율법적으로 (혹은 종교적으로) 살고 있기 때문에 믿음이 약한 자일 수 있다.

바울은 논란이 되는 문제에 대해 해야 할 일과 하지 말아야 할 일의 목록을 정해서 보내지는 않았다. 그러나 그리스도인이 왜 각자의 금기를 내세우기를 멈추고 그리스도 안에서 형제로서 서로를 사랑하고 용납해야 하는지 그 기본적인 이유를 아주 구체적으로 밝혔다. 성경은 명확하게 표현한다. "우리 중에 누구든지 자기를 위하여 사는 자가 없고 자기를 위하여 죽는 자도 없도다"(롬 14:7). 다른 누군가를 비난하는 순간, 당신은 하나님과 같아지려 했던 아담이 지은 죄에 빠질 가능성이 높다. 그리스도인은 "우리가 살아도 주를 위하여 살고 죽어도 주를 위하여 죽나니 그러므로 사나 죽으나 우리가 주의 것"(롬 14:8)임을 안다.

왜 다른 사람을 판단하지 말아야 하는지 이해하는 열쇠는 그리스도와 우리의 관계에 있다. 그리스도인의 삶에서 누가 첫 번째로 와야 하는가? **누가 주인인가?** 그리스도인이 그리스도를 주인으로 여길 때에 비로소 "내가 너희를 사랑한 것 같이 너희도 서로 사랑하라"(요 15:12)는 그리스도의 명령을 지키며 살아갈 수 있다.

그렇다면 당신이 다른 사람과 생각이 다를 때는 어떻게 그 사람에게 사랑을 보여 줄 수 있을까? 서로 동의하지 않는 상황이야말로 그리스도의 사랑을 실천할 수 있는 절호의 기회. 그리스도는 언제나 한 사람의 생각에 대해 기꺼이 함께 의논하셨다. 주님께서 가르치시고 행하신 기본적인 규칙을 몇 가지 살펴보자. 이것을 실천하려고 애쓴다면, 계속해서 판단하는 게임을 하는 대신에 다른 사람들과 소통하는 법을 배우게 될 것이다.

1. 진심으로 대하라

다시 말해, 다른 사람들을 정직하고 솔직하게 대하라. 진실된 모습을 보이라. 체면과 영적 가면처럼 모든 그리스도인이 게임을 자기에게 유리하게 이끌기 위해 사용하는 필수적 장치를 조금씩 내려놓으려고 애쓰라. 영적 가면은 종종 다음과 같은 말들로 시작된다.

"네, 주님께서 허락하시면, 저는⋯."
"주님께서 기뻐하시는 일이 아니라서 나는 그렇게 할 수 없었어⋯."
"이에 대해 뭔가를 하기 전에 일단 기도를 해 봐야겠는데⋯."

물론 모든 가면이 영적인 것은 아니다. '겉으로는 멀쩡한'(하지만 사실은 독을 내뿜는) 가면, '난 **나 자신**을 믿어' 가면, '불쌍한 나에 대한 자신이 **없어**' 가면, 그리고 잘 알려진 "내 장점이 뭔지 알아? **솔직한 거야.**"라는 '반대로 말하기' 가면이 있다.

우리는 우리가 쓰고 있는 이 가면을 무슨 용기로 한 겹 한 겹 벗을 수 있을까? 답은 우리와 그리스도의 진짜(가면을 벗은) 관계에 있다. 조금씩 하나님의 뜻을 솔직하게 구하며 진정한 믿음 위에 이 관계를 세워 나가면, '사회적 안정감'을 느끼기 위해 필요하다고 여겼던 가면들을 벗을 수 있을 것이다. 그렇게 되면 우리는 두려움의 영을 갖는 대신에 지혜롭고 강해질 것이며, 사람들을 사랑하고 그들과 함께 누리는 법을 배우게 될 것이다(딤후 1:7).

당신이 가면을 벗고 나면, 더욱 진실된 모습이 드러난다. 그러면 성령님께서 당신 안에 역사하셔서 당신의 정직함과 솔직함 안에서 더 민감하고 적절하게 행할 수 있도록 도와주신다.

적절성과 민감성은 진심으로 대하는 것에 필수적이다. 진심 어린 마음은 무모하게 솔직하거나 터무니없이 정직한 것이 아니다. 대부분 이 두 가지 때문에 판단, 비난, 싸움이 일어난다. (어찌 보면, 사실을 말했을 뿐인데 말이다). 옛날 속담을 다른 말로 바꿔 말하면, '성령님께 인도를 받고 힘입은 정직함이 최상의 방책'이라고 할 수 있겠다. 주님은 이렇게 말씀하셨다. "그가 내 안에, 내가 그 안에 거하면 사람이 열매를 많이 맺나니"(요 15:5).

2. 용납하라

사람들은 '서로를 용납하는 것'에 대해 많은 말을 한다. 그런데 단순히 "알다시피 나는 그를 용납하지만 도대체 그의 태도(혹은 그의 패션 취향이나 친구, 개인적 습관 등)는 **참을 수가 없어요.**"라고 말하는 것이 용납인가?

우리는 모두 다른 사람의 시선을 의식한다. 우리의 자아상은 우리가 느끼는 감정과 하는 일, 좋아하는 것과 직접적으로 연관된다. 따라서 어떤 사람의 견해, 취향, 생각을 비난하는 것은 아무리 의도가 그렇지 않았다 하더라도 **그 사람**을 비난하는 것이다.

누군가의 생각, 행동, 태도에 비난의 화살(특히 당신의 영적인 화살)을 겨누기 전에, 스스로에게 몇 가지 질문을 던져 보라. '**내가 이 사람을 돕고자**

하는가 아니면 내 가치 체계를 강요하려 하는가?' '그 사람의 있는 모습 그대로 존경하고 좋아하는가 아니면 내가 생각하기에 존경받거나 좋아할 만한, 혹은 영적인 모습에 어울리게 그를 바꾸려 하는가?'

용납하라는 말이 어렵게 들리는가? 그럴 수 있다. 하지만 이는 하나님께서 그를 있는 모습 그대로 용납하셨음을 기억하게 한다. "내게로 오라"(마 11:28)고 말씀하신 그분은 "겉모양만 보고 판단하지 말고 공정하게 판단해야 한다"(요 7:24, Williams 번역)고 말씀하셨다.[1]

3. 이해심을 가지라

용납은 이해심 없이는 별 의미가 없다. 이해심이란 무엇인가? 그게 무엇이든지 간에 누군가에 대해서 '뭔가를 아는 것', 다시 말해 그에 대해 속속들이 다 안다거나 무엇을 할지 예측할 수 있다는 의미는 아닐 것이다. 이런 식의 '이해'는 이렇게 말하는 것과 같다. "너한테 뭐가 **문제인지** 이해가 되네." 이렇게 말하는 것은 진짜 이해심이 아닌 이 장의 주제인 그리스도인이 하는 게임, 즉 평가다.

한 친구가 설문지에 누군가를 이해하고 싶다면 자신을 진심으로 '그 입장'에 놓아야 한다고 적은 말이 이해심을 가장 잘 묘사하는 것 같다.

다른 사람의 입장에 나를 대입해 이해하는 것을 공감이라고 한다. 당신이 누군가에게 공감한다면, 당신은 정신적으로 그 사람의 생각과 견해에 들어가려고 애쓰는 것이다. 즉 그의 입장에서 그와 똑같이 보기 위해 노력하는 것이라고 할 수 있다.

진정한 이해심은 다른 사람의 입장에서 공감하는 것이다.

그리고 단순히 토닥이는 말을 하는 것보다 당신의 행동과 표정으로 다른 사람에게 더 많은 공감을 전달할 수 있다. 예를 들어, 누군가 어떤 교리나 성경 구절에 대해 당신과 다르게 해석했다고 가정해 보자. 혹은 '다음번 모임에서 누가 리더를 할 것인가'처럼 간단한 문제에 대해 입장이 다르다고 해 보자. 이렇게 의견이 갈릴 때, 당신은 두 가지 기본적인 방식으로 접근할 수 있다. 당신은 말이나 행동으로, 혹은 살짝 입꼬리를 실룩이며 다음과 같이 말할 수 있다. "당신은 완전히 틀렸어요. 어디든 들어가서 나오지 않는 것이 어때요?" 아니면 공감하고 진심으로 이렇게 말할 수 있다. "제 생각이 마음에 들지 않으세요? 당신의 주장도 일리가 있군요. 다른 대안을 생각해 봅시다."

위에서 한 말은 마법 주문이 아니다. 어떤 사람들은 편견에 눈이 멀어서, 너무 두려워서, 너무 용납이 안 돼서 귀에다 대고 소리를 질러도 공감이 무엇인지 알지 못한다. 요점은 다른 사람을 이해하려는 태도를 갖고 있으면, 의견이 서로 엇갈리는 것도 줄어들고, 덜 판단하고 덜 비난하게 될 가능성이 크다는 것이다. 적어도 당신의 교만, 두려움, 방어 기제, 그리고 우리를 그리스도인이 아닌 종교인으로 만드는 우리가 '고수하던 특성'들 외에는 잃을 것이 없다.

진심으로 대하라. 용납하라. 이해심을 가지라. 이 단순한 세 가지 규칙은 언젠가 우리를 심판하실 그분께서 행하고 실천하신 방식이다. 다른 사람에 대한 비난과 판단하는 태도를 가장 확실하게 고칠 수 있는 방법은 "우리가 다 하나님의 심판대 앞에 서리라 … 우리 각 사람이 자기 일을 하나님께 직고하리라"(롬 14:10-12)는 사실을 기억하는 것이다.

더 깊은 묵상

1. 로마서 14장 10절을 암송하라. 다음에 누군가를 비난하고 싶은 마음이 들 때, 몇 분간 기도하고 그 사람의 삶에 (그리고 당신의 삶에) 하나님께서 기뻐하시고 용납하실 만한 열매를 맺게 해 달라고 구하라.

2. 로마서 14장 1-12절을 읽으라. 다른 이를 판단하는 것은 왜 잘못되었는가?

3. 로마서 14장 7-9절 말씀을 고린도후서 5장 14-21절, 갈라디아서 2장 20절, 빌립보서 1장 20-21절과 비교해 보라. 그리스도의 주되심이 당신에게 어떤 의미로 다가오는지 묵상하는 글을 써 보라.

4. 사람은 대부분 교만, 두려움 혹은 방어 기제 때문에 서로를 판단한다는 말이 옳다고 생각하는가 틀리다고 생각하는가? 이유는 무엇인가?

13장

당신은 디딤돌인가, 아니면 걸림돌인가?

'디딤돌?' '걸림돌?' 이건 도대체 무슨 종교 용어인가? 사실 이건 종교 용어가 아니다. 하지만 '걸림돌'이라는 말은 성경에 분명히 나온다. 웹스터 사전은 걸림돌을 '걸려 넘어지게 하거나, 당황하게 하거나, 실수하게 하는 모든 원인, 꾸준한 발달에 장애물이 되거나 방해가 되는 모든 것'이라고 정의한다. 이제 바울은 발전에 장애물이 되는 것, 구체적으로 다른 그리스도인 안에서 일어나는 영적 성장에 방해가 되는 문제에 대해 말한다. 그의 해결책은 '디딤돌'이 되어 그리스도의 사랑을 위해 기꺼이 밟힘을 당하는 것이다.

바울은 기독교적 사랑을 뭐라고 이야기하는가? 5리를 가자는데 10리를 더 가 주는 것일까? 한번 생각해 보라.

로마서 14장 13절-15장 6절

¹³그런즉 우리가 다시는 서로 비판하지 말고 도리어 부딪칠 것이나 거칠 것을 형제 앞에 두지 아니하도록 주의하라 ¹⁴내가 주 예수 안에서 알고 확신하노니 무엇이든지 스스로 속된 것이 없으되 다만 속되게 여기는 그 사람에게는 속되니라 ¹⁵만일 음식으로 말미암아 네 형제가 근심하게 되면 이는 네가 사랑으로 행하지 아니함이라 그리스도께서 대신하여 죽으신 형제를 네 음식으로 망하게 하지 말라 ¹⁶그러므로 너희의 선한 것이 비방을 받지 않게 하라 ¹⁷하나님의 나라는 먹는 것과 마시는 것이 아니요 오직 성령 안에 있는 의와 평강과 희락이라 ¹⁸이로써 그리스도를 섬기는 자는 하나님을 기쁘시게 하며 사람에게도 칭찬을 받느니라 ¹⁹그러므로 우리가 화평의 일과 서로 덕을 세우는 일을 힘쓰나니 ²⁰음식으로 말미암아 하나님의 사업을 무너지게 하지 말라 만물이 다 깨끗하되 거리낌으로 먹는 사람에게는 악한 것이라 ²¹고기도 먹지 아니하고 포도주도 마시지 아니하고 무엇이든지 네 형제로 거리끼게 하는 일을 아니함이 아름다우니라 ²²네게 있는 믿음을 하나님 앞에서 스스로 가지고 있으라 자기가 옳다 하는 바로 자기를 정죄하지 아니하는 자는 복이 있도다 ²³의심하고 먹는 자는 정죄되었나니 이는 믿음을 따라 하지 아니하였기 때문이라 믿음을 따라 하지 아니하는 것은 다 죄니라

¹믿음이 강한 우리는 마땅히 믿음이 약한 자의 약점을 담당하고 자기를 기쁘게 하지 아니할 것이라 ²우리 각 사람이 이웃을 기쁘게 하되 선을 이루고 덕

을 세우도록 할지니라 ³그리스도께서도 자기를 기쁘게 하지 아니하셨나니 기록된 바 주를 비방하는 자들의 비방이 내게 미쳤나이다 함과 같으니라 ⁴무엇이든지 전에 기록된 바는 우리의 교훈을 위하여 기록된 것이니 우리로 하여금 인내로 또는 성경의 위로로 소망을 가지게 함이니라
⁵이제 인내와 위로의 하나님이 너희로 그리스도 예수를 본받아 서로 뜻이 같게 하여 주사 ⁶한마음과 한 입으로 하나님 곧 우리 주 예수 그리스도의 아버지께 영광을 돌리게 하려 하노라

당신이 아는 것이 중요한 게 아니다

14장의 전반부에서 바울은 다른 사람, 특히 다른 그리스도인을 비난하거나 판단하지 않아야 한다고 가르친다. 논란의 여지가 있는 문제를 다룰 때, 각 그리스도인은 자신의 양심에 따라 옳다고 여기는 대로 행동할 자유가 있다. 하나님께서 모두의 심판자가 되실 것이기 때문에 그리스도인은 다른 그리스도인을 판단해서는 안 된다(롬 14:10, 12).

하지만 이제 바울은 자신의 편지를 읽는 독자들이 자유에 너무 취하지 않도록 정신이 번쩍 드는 교훈을 던진다. **자신의 신념을 따르는 자유는 그리스도 안에 있는 우리 형제자매에게 가장 유익한 것을 해야만 하는 개인적 책임감과 균형을 맞춰야 한다**는 것이다.

핵심은 '무엇을 할 때 자유한가?'가 아니라 '어떻게 다른 사람들이 그리스도인다운 삶을 살고 성장하도록 도와줄 수 있을까?' 하는 것이다.

그리스도인은 다른 이들이 걸려 넘어지지 않도록 살아야 하고, 이는 바울이 로마서 14장 1-12절에서 다룬 고기 먹는 자와 채식주의자 간의 까다로운 논란에도 적용된다. 사실상 고기 먹는 자의 편에 섰던 바울은 사람들이 그들의 양심에 따라 고기를 먹을 자유가 있지만, 고기를 먹는 행위에 양심상 불쾌함을 느끼는 사람을 무시하면 안 된다고 말한다(롬 14:14). 바울은 자신이 이야기한 양심의 자유가 어떤 식으로든 오용되어 주위 성도들이 잘못되었다고 느끼거나 그리스도와의 교제와 친밀한 관계가 손상되었다고 느끼게 되지 않기를 원했다.

이 원칙을 오늘날 어떻게 적용할 수 있을까? 오늘날 그리스도인들은 고기, 특히 우상에게 바친 고기를 먹는 것에 대해 의견을 달리 하지는 않는다. 하지만 다른 많은 것에서 의견을 달리한다. 어떤 옷을 입는지부터 헤어스타일까지(그리고 색깔도), 주일에는 어떤 행동이 적절한지부터 어떤 오락이 건전한지까지, 어떤 음료를 마셔야 하는지부터 어떤 직업을 가져야 하는지까지 다양한 문제로 서로 대립한다. 같은 나라라고 해도 한 지역에서 옳다고 여겨지는 부분이 다른 지역에서는 옳지 않은 것이 되기도 한다. 종종 같은 교회 안에서도 한 모임에서 용납되는 것이 다른 모임에서는 그렇지 않을 때도 있다.

이러한 문제에는 보편적인 관점이나 보편적으로 적용할 수 있는 구체적인 해결책이 없다. 하지만 이 모든 것에 적용할 수 있는 보편적인 원칙이 하나 있다. 그동안 바울이 지난 여러 장에서 주장한 원칙, 바로 사랑이다.

15절에 바울은 분명히 말한다. "만일 음식으로 말미암아 네 형제가 근심하게 되면 이는 네가 사랑으로 행하지 아니함이라 그리스도께서 대신하여 죽으신 형제를 네 음식으로 망하게 하지 말라."

'**그리스도께서 대신하여 죽으신 누군가를 망하게 한다.**' 이런 시선으로 보면, 더는 문제가 두 편 혹은 두 관점의 단순한 의견 차이로 보이지 않게 된다. 사실상 바울은 당신의 견해가 완전히 타당하더라도, 악과의 전쟁에서 승리하기 위해 그리스도의 지체와의 선한 싸움에서 '져 줘야 할 때도 있다고 이야기한다.

로마서의 마지막 부분에서 바울은 그리스도인으로 섬길 때 마주하는 도전, 즉, 당신이 아닌 하나님을 영화롭게 해 드리기 위해 섬기는 것에 대해 다양한 표현을 사용해서 강조한다. 하나님을 영화롭게 해 드리기 위해서 그리스도인들은 종종 자신이 좋아하는 일과 그리스도를 섬기는 일 중 하나를 선택해야 한다. 바울이 말하듯, '하나님의 일을 고깃덩어리 하나 때문에(혹은 주일에 휴식 시간을 갖는 방식 때문에, 어떤 특정 스타일로 '세련되게' 보이는 것 때문에, 여가를 즐기는 형식 때문에) 망치지 말라'. 어쩌면 고기(혹은 비슷한 것)에는 전혀 문제가 없을 수 있지만 그리스도 안 형제자매가 그리스도께 가까이 가는 대신에 걸려 넘어지거나, 혼란을 겪거나, 그리스도로부터 멀어지게 하는 행동은 잘못된 것이다.

바울은 21절에서 이를 요약한다. "고기도 먹지 아니하고 포도주도 마시지 아니하고 무엇이든지 네 형제로 거리끼게 하는 일을 아니함이 아름다우니라."

바울은 많은 경우 **우리가 아는 것**이 핵심이 아니라고 말한다. 그 문제의 중심은 **우리가 어떻게 다른 이들을 사랑하고** 믿음 안에서 그들을 세우는지에 있다.

이렇게 말할 수 있다. "다 좋아요. 하지만 이런 문제가 지금 저와 현실적으로 관련이 있나요? 제가 하는 일에 태클을 거는 사람은 아무도 없는데요. 저는 이 걸림돌 문제에 해당되지 않아요. 아니면 다른 그리스도인들이 특정 채널을 좋아하지 않는다는 이유로 케이블 방송을 끊기라도 해야 하나요?"

걱정하지 않아도 된다. 바울의 말은 오늘날에도 분명히 관련이 **있다**. 일단, '금기 혹은 금기가 아닌 것'에 대한 모든 그리스도인의 생각을 만족시키기 위해 자신의 삶을 통제하다가는 미쳐 버리고 말 것이다. 그리고 기껏해야 로마서에서 바울이 확실히 금한 율법주의로 돌아가서 종교에 매이게 될 것이다. 바울이 제안하는 것은 모든 그리스도인이 자신의 영향력 안에 있는 다른 그리스도인들을 돕기 위해 필요한 것을 기꺼이 해야 한다는 것이다.

두 번째, 바울은 '걸림돌이 되지 않는 것'보다 '디딤돌'이 되는 것에 더 무게를 싣는다.

바울은 걸림돌이 되지 않는 것도 좋지만 디딤돌이 되려고 애쓰는 것이 훨씬 더 낫다고 거듭해서 말한다. 디딤돌이 된다는 것은 다른 이들이 그리스도께 더 가까이 갈 수 있도록 도울 방법을 적극적으로 찾는다는 의미다. (13장에서 다룬 '사랑의 빚'을 기억하는가? 당신은 그 빚을 결코 다 값을 수 없다.)

디딤돌이 되는 것은 누군가가 당신을 밟고 지나갈 것을 암시한다. 누군가에게 밟히는 것은 전혀 매력적이지 않다. 그렇지만 동네 쓰레기장에서 십자가에 매달려 냉소주의자들의 조롱을 받고 군인들이 저주하며 당신의 옷을 제비 뽑는 일도 그렇다.

이 원칙이 분명한 사실이라고 쳐도, 여전히 고민이 될 것이다. "**그럼 어떻게** 걸림돌이 아닌 디딤돌이 될 수 있지? 누가 나 때문에 넘어지고 있는지 도대체 어떻게 알 수 있을까? 교회를 돌아다니면서 내가 보는 TV 채널에 대한 설문 조사라도 해야 하나? 기도 모임 중에 일어나서 영화 '글래디에이터'(Gladiator)를 보느라 성경 공부를 **빼먹었다고** 고백해야 하나?"

우선 다른 사람을 진심으로 대하고, 용납하며, 이해심을 갖는 것을 복습하면 훨씬 더 도움이 될 것이다(150-154쪽을 보라). 이에 덧붙여, 다른 사람들의 말을 **듣는 자**가 되려고 노력하면 좋다. 열쇠 구멍이나 도청 장치를 이용해서 듣는 것이 아니라 일상적인 대화에서 경청하라는 말이다. 한마디로 말하면 사람들이 당신에게 말할 때 **진심으로 들으라.**

듣는 것은 좀처럼 찾아보기 어려운 기술이 되었다. 진심으로 듣지 않는 것은 오늘날 만연한 불통의 뿌리라고 할 수 있다. 상사와 직원이 서로 진심을 다해 듣지 않고 선생님과 학생도 서로 듣지 않으며 부모와 자녀 사이에서도 그렇다. 모든 사람이 (자기의 의견을 말할 수 있게) 자기만의 송신기를 가지고 있는 듯하다. 하지만 다른 이가 뭐라고 말하는지를 진심으로 들을 수 있게 자신의 수신기를 기꺼이 넘기는 사람은 극히 드물다.

예를 들어, 163쪽 만화에 나오는 실수를 가장 최근에 한 적이 언제인가? 어제? 오늘 아침? 아니면 10분 전? 상황은 꽤 단순하다. 두 사람이 대화를 나누고 있다. 한 사람이 자신의 관점과 느낌을 설명하려 한다. 상대는 그 말을 진심으로 듣고 있는가? 전혀 그렇게 보이지 않는다! 자기 차례에 뭐라고 받아칠지 생각하느라 바쁘다. 사람들간 주고받는 많은 말은 대화가 아니라 경쟁일 때가 많다. 이것은 경쟁이고, 가장 목소리가 크고, 가장 똑똑하거나 가장 고집스러운 송신기가 이긴다.

듣는 것이 정확히 디딤돌이 되는 것과 무슨 상관이 있는가? 우선, 사람들이 당신의 행동에 대해 신호를 보내고 있지만 당신이 들으려고 하지 않기 때문에 그들의 신호가 들리지 않을 수 있다. 사람들은 많은 경우 말을 하지 않고도 간접적으로 소통을 한다. 사람들이 전하는 전체 메시지를 이해하려면 종종 말뿐 아니라 그들이 **어떻게** 말하고 있는지를 살펴야 할 필요가 있다. 어쩌면 당신의 습관이나 태도 때문에 짜증이 난 친구들이 절대 대놓고 이에 대해 나누거나 인정하지는 않지만, 가끔가다 못마땅하다는 말투로 한마디 던지거나, 아무 말 없이 표정으로 말하고 있을 수 있다.

우리 중 많은 수가 상대방의 이야기를 듣지 않을 뿐 아니라, 그들을 제대로 쳐다보지도 않는다. 두 사람이 이야기하는데 서로를 전봇대로 여기는 것 같은 광경을 본 적이 있는가? 그들은 서로의 어깨 너머를 보거나, 땅바닥을 보거나, 천장을 보거나, 그들이 논의하고 있는 물체를 보지만 **서로의 얼굴은 거의 쳐다보지 않는다.**

다른 사람의 말을 잘 듣고 표정을 잘 살피는 사람이 되려면, 공감하고 이해하는 태도를 가져야 한다(152-154쪽을 보라). 기꺼이 진심으로 들을 수 있으려면 먼저 상대방의 말을 **듣기 원해야 한다.** 듣는 것은 실제적이다. 또 듣는 것은 우리가 디딤돌이 되기 위해 꼭 필요하다. 어떤 상황에서든 들어 주기 어려운 사람도 있고, 많은 사람이 일방적으로 말하거나 대화의 대상이 되는 것에 익숙하다. 하지만 누군가와 기꺼이 **함께** 대화하고 서로가 하는 말을 들으며 기분을 헤아려 줄 때 우리는 기분 좋은 놀라움을 경험할 수 있다.

한번 상대의 말을 귀담아들어 보라. 솔로몬의 말은 정확하다. "사연을 듣기 전에 대답하는 자는 미련하여 욕을 당하느니라"(잠 18:13). NKJV 성경은 이렇게 전한다. "지혜로운 자는 듣고 배움을 늘린다"(잠 1:5).

당신은 상대방의 말을 진심으로 듣는가,
아니면 차례가 왔을 때 뭐라고 말할지 생각하느라 분주한가?

진심으로 듣는 것은 요한일서 3장 18절을 행동으로 옮기는 훌륭한 방법이다. "자녀들아 우리가 **말**과 혀로만 사랑하지 말고 **행함**과 진실함으로 하자"(강조는 저자의 것). 다른 사람을 사랑하는 것은 그들을 향해 그리스도의 태도를 갖는 것이다(롬 15:5). 이러한 태도는 뭐든지 하려 하고, 불편함을 견디며, 섬기고 돕기 위해 기꺼이 **밟히는 것이다**. 그리스도와 같은 사랑은 다른 사람의 유익만을 위해 존재한다. 주는 것만을 추구하므로 아무런 대가도 바라지 않는다.

하지만 꼭 기억하라. 디딤돌은 문에 깔아 놓은 매트와 다르다. 다른 사람을 위해 자신을 희생하여 섬기라는 하나님의 소명은 학대, 부도덕함, 혹은 핍박에 무조건적으로 굴복하라는 것이 아니다. 상황이 불편해지더라도 연루된 모든 사람의 선을 추구하기 위해 교만이나 방어 기제가 아닌 태도로 맞서야 할 때가 있다.[1]

그리스도인의 섬김은 주어진 임무를 기계적으로 수행하는 것이 아니다. '법적 의무'가 아니라는 말이다. 그리스도인의 섬김, 다시 말해 걸림돌이 아니라 디딤돌이 되는 것은 하나님을 영화롭게 한다는 가장 고귀한 동기를 갖는다. 진정으로 이 목적을 가지고 섬길 때, 우리는 언제나 주위 사람들에게 관심과 사랑으로 손 내밀 수 있다. 하나님이 사랑이시기 때문이다. 로마서 15장 5-7절을 필립스 번역은 다음과 같이 전한다.

인간에게 인내할 수 있는 영감을 주시고, 그들을 끊임없이 격려하시는 하나님께서 당신에게 그리스도 예수께 대한 충성심으로 서로와 연합할 수 있는 마음을 주시기를 바랍니다. 그렇게 되면 한마음으로, 우리 주 예수 그리스도의 하나님 아버지를 찬송하게 될 것입니다. 그러므로 그리스도께서 여러분에게 마음을 여신 것처럼 서로에게 마음을 여십시오. 그리하면 하나님께서 영광받으실 것입니다.

더 깊은 묵상

1. 로마서 14장 13절을 암송하라. 그런 다음 로마서 14장 13-21절을 다시 읽고 '걸림돌'과 '디딤돌'의 자신만의 정의를 써 보라. 어떤 것이 더 쉬운가? 왜 그렇게 생각하는가?

2. 이번 주에 한 가지 실험을 해 보라. 당신이 대화는 나누지만 보통 주의 깊게 듣지 않았던 한두 사람을 정하라. 그런 다음 한 주 동안 그들과 소통할 때, 그들이 하는 말에 진심으로 경청하라. 그들이 실제 쓰는 언어와 함께 그들이 어떻게 그리고 왜 그렇게 말하는지 분석해 보라. 이렇게 했을 때 그들과의 관계가 좋아지는지 보라. 그 주말에 걸림돌 대신 디딤돌이 되는 것에 대해 배운 교훈을 생각해 보라.

3. 로마서 15장 1-6절을 하나님을 영화롭게 하는 것에 대한 다음 구절들과 비교해 보라. 시편 22편 23절, 마태복음 5장 16절, 요한복음 15장 8절, 고린도전서 6장 18-20절. 하나님을 영화롭게 해 드리기 위해 당신이 할 수 있는 가장 좋은 방법은 무엇이라고 생각하는가? 구체적인 생각을 써 보고 몇 분간 기도 시간을 가지면서 매일의 일상과 관계에서 이러한 생각대로 살아갈 수 있게 해 주시기를 성령님께 구하라.

14장

당신의 공동체는 분열하는가, 연합하는가?

초기 그리스도인의 표식 중 하나는 사랑이었다. 2세기 로마의 반기독교 철학자였던 켈수스(Celsus)도 마지못해 인정했다. "보라, 이 그리스도인들이 서로를 얼마나 사랑하는지." 그리고 오늘날… 보라, 많은 그리스도인이 자신들의 견고한 파벌로 똘똘 뭉쳐 사랑에 대해 떠들어대지만 정작 삶 속에서 연합하는 모습을 보여 주지는 못한다. 초기 그리스도인들이 오늘날의 성도들보다 더 영적이었던 것일까? 그들은 지속적으로 또 일관되게 서로를 사랑할 수 있는 이상한 능력이라도 가지고 있었던 것일까? 그랬을 리 없다. 서로 사랑하는 것은 우리에게 그렇듯 초기 그리스도인들에게도 쉬운 일이 아니었다. 사실 어떤 면에서 더 어려웠을 수도 있다. 그래서 바울은 편지를 마무리하며 그리스도를 중심으로 연합할 수 있는 몇 가지 조언을 담았다. 이 조언은 어떤 그리스도인이라도 적용할 수 있다.

로마서 15장 7-33절

⁷그러므로 그리스도께서 우리를 받아 하나님께 영광을 돌리심과 같이 너희도 서로 받으라 ⁸내가 말하노니 그리스도께서 하나님의 진실하심을 위하여 할례의 추종자가 되셨으니 이는 조상들에게 주신 약속들을 견고하게 하시고 ⁹이방인들도 그 긍휼하심으로 말미암아 하나님께 영광을 돌리게 하려 하심이라 기록된 바 그러므로 내가 열방 중에서 주께 감사하고 주의 이름을 찬송하리로다 함과 같으니라

¹⁰또 이르되 열방들아 주의 백성과 함께 즐거워하라 하였으며

¹¹또 모든 열방들아 주를 찬양하며 모든 백성들아 그를 찬송하라 하였으며

¹²또 이사야가 이르되 이새의 뿌리 곧 열방을 다스리기 위하여 일어나시는 이가 있으리니 열방이 그에게 소망을 두리라 하였느니라

¹³소망의 하나님이 모든 기쁨과 평강을 믿음 안에서 너희에게 충만하게 하사 성령의 능력으로 소망이 넘치게 하시기를 원하노라

¹⁴내 형제들아 너희가 스스로 선함이 가득하고 모든 지식이 차서 능히 서로 권하는 자임을 나도 확신하노라 ¹⁵그러나 내가 너희로 다시 생각나게 하려고 하나님께서 내게 주신 은혜로 말미암아 더욱 담대히 대략 너희에게 썼노니 ¹⁶이 은혜는 곧 나로 이방인을 위하여 그리스도 예수의 일꾼이 되어 하나님의 복음의 제사장 직분을 하게 하사 이방인을 제물로 드리는 것이 성령 안

에서 거룩하게 되어 받으실 만하게 하려 하심이라 ¹⁷그러므로 내가 그리스도 예수 안에서 하나님의 일에 대하여 자랑하는 것이 있거니와 ¹⁸그리스도께서 이방인들을 순종하게 하기 위하여 나를 통하여 역사하신 것 외에는 내가 감히 말하지 아니하노라 그 일은 말과 행위로 ¹⁹표적과 기사의 능력으로 성령의 능력으로 이루어졌으며 그리하여 내가 예루살렘으로부터 두루 행하여 일루리곤까지 그리스도의 복음을 편만하게 전하였노라

²⁰또 내가 그리스도의 이름을 부르는 곳에는 복음을 전하지 않기를 힘썼노니 이는 남의 터 위에 건축하지 아니하려 함이라 ²¹기록된 바 주의 소식을 받지 못한 자들이 볼 것이요 듣지 못한 자들이 깨달으리라 함과 같으니라

²²그러므로 또한 내가 너희에게 가려 하던 것이 여러 번 막혔더니

²³이제는 이 지방에 일할 곳이 없고 또 여러 해 전부터 언제든지 서바나로 갈 때에 너희에게 가기를 바라고 있었으니 ²⁴이는 지나가는 길에 너희를 보고 먼저 너희와 사귐으로 얼마간 기쁨을 가진 후에 너희가 그리로 보내주기를 바람이라 ²⁵그러나 이제는 내가 성도를 섬기는 일로 예루살렘에 가노니 ²⁶이는 마게도냐와 아가야 사람들이 예루살렘 성도 중 가난한 자들을 위하여 기쁘게 얼마를 연보하였음이라 ²⁷저희가 기뻐서 하였거니와 또한 저희는 그들에게 빚진 자니 만일 이방인들이 그들의 영적인 것을 나눠 가졌으면 육적인 것으로 그들을 섬기는 것이 마땅하니라 ²⁸그러므로 내가 이 일을 마치고 이 열매를 그들에게 확증한 후에 너희에게 들렀다가 서바나로 가리라 ²⁹내가 너희에게 나아갈 때에 그리스도의 충만한 복을 가지고 갈 줄을 아노라

³⁰형제들아 내가 우리 주 예수 그리스도와 성령의 사랑으로 말미암아 너희를 권하노니 너희 기도에 나와 힘을 같이하여 나를 위하여 하나님께 빌어 ³¹나로 유대에서 순종하지 아니하는 자들로부터 건짐을 받게 하고 또 예루살렘에 대하여 내가 섬기는 일을 성도들이 받을 만하게 하고 ³²나로 하나님의 뜻을 따라 기쁨으로 너희에게 나아가 너희와 함께 편히 쉬게 하라

³³평강의 하나님께서 너희 모든 사람과 함께 계실지어다 아멘

잠재력과 과거, 무엇에 걸 것인가?

이번 본문을 얼핏 보면 바울이 긴 편지를 급하게 마무리하려고 투박하게 마지막 생각을 덧붙이는 것처럼 보일 수 있다. 하지만 여기에서 바울은 그리스도인의 연합을 위한 몇 가지 실질적인 원칙을 다룬다.

1. 소망을 가지라

첫째로, 바울은 '소망이 없는' 상황에서도 소망을 가지고 있었다. 로마서 15장 7-13절을 보면 초대 교회에서 유대인과 이방인 사이에 존재한 '시민권' 문제에 대해 한 번 더 언급한다. 유대인 개종자들은 그들이 하나님과 더 가까운 위치에 있다고 생각했다. 아무래도 그들은 아브라함의 후손으로 하나님께서 자신의 이름을 영화롭게 하고 자신의 말씀을 보존하기 위해 선택하신 민족의 일원이었다. 그렇기에 많은 유대인이 초대 교회 시기 기독교로 개종할 때, 똑같이 그리스도를 믿고 기독교 공동체의 부분이 되고자 했던 이방인들이 '침범'해 오는 것에 적지 않게 분노하며 업신여겼다.

더 열성적인 유대인들은 이방인들에게 교회에 속하기 전에 할례와 같은 '신고식'을 행하도록 강요하기도 했다. 전통과 율법 그리고 종교에 푹 빠진 유대인들은 믿음만을 바탕으로 모든 인간에게 아무런 대가 없이 복음이 주어진다는 발상은 용납하기 어려웠다. 많은 유대인 출신 기독교 개종자들이 하나님의 대가 없는 사랑과 호의인 은혜라는 개념을 완전히 받아들이지도 이해하지도 못했다. 그들은 기독교를 종교의 범주에 넣어 두고 요구 사항과 의식, 규례로 치장하는 편을 선호했다.

하지만 이방인들은 종교적 전통과 훈련이 거의 없는 상태였다. 그들은 이교도의 관습에서 빠져나와 그리스도를 통해 죄를 용서받고 구원을 얻을 수 있다는 말을 기쁘게 받아들였다. 그들은 유대인들이 왜 그리 유난을 떠는지, 왜 몇몇 유대인 성도들이 종교적인 훈련과 배경이 부족하다는 이유로 자신들을 무시하는지 이해할 수 없었다.

한 교회 안에서 유대인과 이방인 사이에 생긴 이러한 기본적인 문제들로 인해 많은 혼란과 오해, 그리고 마찰이 생겼다. 이런 내적 분란은 초대 교회가 직면한 가장 큰 위험이었을 것이다. 바울도 이를 인지하고 있었다. 그래서 그는 이 문제에 대해 다루고, 그리스도를 믿는 믿음으로 구원을 얻는다는 복음을 중심으로 그리스도인들이 연합해야 하는 이유와 방법을 설명하기 위해 의도적으로 로마서(그리고 갈라디아서)를 계획하여 썼다.

바울은 그리스도인들이 그리스도를 중심으로 연합하게 하려다 곤란한 상황과 온갖 개인적 핍박을 겪었다. 하지만 그는 계속해서 나아갔다. 그가 인내할 수 있었던 비결은 로마서 15장 13절에 쓰여 있다. 다른 사람들이 하나님으로부터 소망과 평화, 행복을 얻게 해 달라고 기도할 수 있었던 이유는 바울 자신이 이를 직접 경험했기 때문이었을 것이다. 그는 **하나님을 믿음으로** 이를 경험했다. 그는 성령님의 능력이 그 안에서, 또 그를 통해서 일하시도록 해서 소망과 내적 평안을 경험했다. 이는 종교적인 것과 그리스도인이 되는 것의 차이를 보여 주는 또 다른 예시라고 할 수 있다.

2. 재치를 보이라

바울에게는 재치가 있었다. 약간 행간을 읽어야 하지만 확실히 그랬다. 로마서 15장 14절에서 그는 로마의 성도들에게 사랑으로 연합된 공동체 안에서는 하나님을 영화롭게 하는 기본적인 것들을 말할 필요가 없다는 점을 자신도 안다고 이야기한다. 바울은 그들에게 잔소리를 하거나, 소리를 지르거나, 비꼬듯이 말하지 않는다. 바울은 '긍정적으로 생각'하고 그 상황에서 좋은 면을 먼저 본다. 바울은 **한 사람의 과거보다 미래에 될 수 있는 모습**에 훨씬 더 많은 관심을 가졌다.

여기에 또 하나의 핵심 요소가 있다. 생각해 보라. 당신은 다른 사람을 볼 때 더 나은 모습으로 변화하는 과정을 보는가, 아니면 그들이 했거나(혹은 하지 않았거나) 말한 것(특히 당신에게 한 말), 즉 과거에 매여 그들을 판단하는가? 단순히 이야기해서 당신의 가정, 학교 혹은 직장에서 다른 사람들에게 거룩한 척하며 원한을 품고 있지는 않은가? 다른 사람들에 대한 고정 관념을 갖는 것은 쉽다.

우리는 사람들을 '엉성한 사람', '수다쟁이', '정직하지 못한 사람', '믿을 수 없는 사람', '불공정한 사람' 등의 이름을 붙인 정리된 작은 틀에 넣을 수 있다. 하지만 이것은 거룩한 체하는 시멘트에 굳어진 종교, 규칙, 생각과 태도의 방식이다.

그러나 기독교는 그 사람이 현재 **누구인지**뿐만 아니라 앞으로 **될 수 있는** 잠재력에 주목한다. 이것이 바로 복음의 핵심이다. 만약 하나님께서 엄격하게 우리의 과거만을 두고 우리를 다루셨다면, 그리스도를 보내셔서 우리의 죄를 위해 죽게 하지 않으셨을 것이다. 하지만 하나님께서는 우리를 사랑하셨다. 그분은 우리를 자격과 가치, 잠재력을 가진 사람으로 보셨다. 그분은 우리를 용서하셨고 계속해서 용서하시며, 언제나 그리스도 안에 주어지는 기회에 우리가 반응할 때 우리가 될 수 있는 그 모습을 기대하고 계신다.

당신은 '거룩한 척하며 원한'을 품은 적이 있는가?

3. 책임에 충실하라

바울은 자신에게 주어진 책임에 충실함으로 사랑을 보여 줬다. 그는 계획을 세울 때 자신의 의무를 중심으로 세웠지, 그 계획 때문에 자신의 의무를 소홀히 하지 않았다.

바울은 스페인으로 가서 복음을 더 널리 전하기를 간절히 소원했고(롬 15:24), 로마를 서쪽으로 뻗어 가는 선교 활동을 확장하기 위한 근거지로 만들기를 소망했다. 하지만 그에게는 예루살렘 성도들에게 구제 헌금을 전달하는 다소 일상적이지만 긴급한 문제가 있었다(롬 15:25). 이 헌금은 어떤 보너스나 예루살렘 성도들이 탄 상금 같은 것이 아니라 빈털터리가 된 사람들에게 절실하게 필요한 돈이었다.

예루살렘과 같은 도시에서는 대부분의 일자리가 유대인 성전 및 그 거대한 구조물의 수요와 연결되어 있었다. 하지만 예루살렘 성전은 부활을 믿지 않을 뿐 아니라 그리스도와 기독교의 철천지원수인 유대인 지도자 사두개인들이 통제하고 운영하고 있었다. 그러니 예루살렘의 많은 성도가 그리스도인이 되고 나서 일자리를 잃었을 것이다.

기독교를 싫어하는 사두개인과 열성 유대인 때문에 바울이 예루살렘에 가는 것은 실제로 매우 위험한 일이었다. '옛날식 종교'를 믿는 유대인의 입장에서, 바울은 제1의 공공의 적이었다. 그는 모든 곳에서 수배를 당했고, 그중 가장 심한 곳이 예루살렘이었다. 유대인들이 바울을 죽이려 한 것이 한두 번이 아니었다(행 14:5 ; 18:12), 그런데 그는 '구제' 헌금을 전하러 호랑이 굴로 들어갈 계획을 세웠다!

바울은 충분히 핑계를 대고 가지 않을 수 있었다. 자신은 로마나 스페인의 '더 중요한 일'을 서둘러 처리하기 위해 다른 사람을 보낼 수도 있었다. 하지만 바울은 기독교적 사랑과 연합을 가르치기만 한 것이 아니라 몸소 실천했다. 바울이 믿는 주님은 "사람이 친구를 위하여 자기 목숨을 버리면 이보다 더 큰 사랑이 없나니"(요 15:13)라고 말씀하셨다. 바울은 결국 예루살렘의 가난한 성도를 도와주고 싶은 열망 때문에 자신의 생명을 내려놓았다.[1] 바울은 그리스도인이 말하는 대로 행동하는 것이 무엇을 의미하는지 보여 주는 살아 있는 본보기였다.

기독교의 연합, 신뢰, 상호적 사랑 그리고 이해심은 말뿐 아니라 실제 행동으로 나타나야 한다는 원칙에 기초하지 않은가? 만약 모든 그리스도인이 자신이 한 말을 행동으로 옮긴다면 어떤 일이 일어날까?

자신의 말을 지키고 복음 안에서 성도들이 연합할 수 있도록 오랫동안 열심히 일한 그리스도인은 바울뿐만이 아니었다. 그와 같은 수천의 사람이 있었고, 로마서 맨 뒷부분에는 그들 중 몇몇의 이름이 언급된다. 21세기 도시 문명에서 느끼는 좌절감을 마주하기에 이 본문은 별 다른 실질적 도움이 되는 것 같지 않을 수 있다. 하지만 16장에는 흥미로운 긍정적 실마리가 있다. 이를 찾아낼 수 있는지 한번 보라.

로마서 16장 1-23절

[1]내가 겐그레아 교회의 일꾼으로 있는 우리 자매 뵈뵈를 너희에게 추천하노

니 ²너희는 주 안에서 성도들의 합당한 예절로 그를 영접하고 무엇이든지 그에게 소용되는 바를 도와 줄지니 이는 그가 여러 사람과 나의 보호자가 되었음이라 ³너희는 그리스도 예수 안에서 나의 동역자들인 브리스가와 아굴라에게 문안하라 ⁴그들은 내 목숨을 위하여 자기들의 목까지도 내놓았나니 나뿐 아니라 이방인의 모든 교회도 그들에게 감사하느니라 ⁵또 저의 집에 있는 교회에도 문안하라 내가 사랑하는 에배네도에게 문안하라 그는 아시아에서 그리스도께 처음 맺은 열매니라 ⁶너희를 위하여 많이 수고한 마리아에게 문안하라 ⁷내 친척이요 나와 함께 갇혔던 안드로니고와 유니아에게 문안하라 그들은 사도들에게 존중히 여겨지고 또한 나보다 먼저 그리스도 안에 있는 자라 ⁸또 주 안에서 내 사랑하는 암블리아에게 문안하라 ⁹그리스도 안에서 우리의 동역자인 우르바노와 나의 사랑하는 스다구에게 문안하라

¹⁰그리스도 안에서 인정함을 받은 아벨레에게 문안하라 아리스도불로의 권속에게 문안하라 ¹¹내 친척 헤로디온에게 문안하라 나깃수의 가족 중 주 안에 있는 자들에게 문안하라 ¹²주 안에서 수고한 드루배나와 드루보사에게 문안하라 주 안에서 많이 수고하고 사랑하는 버시에게 문안하라 ¹³주 안에서 택하심을 입은 루포와 그의 어머니에게 문안하라 그의 어머니는 곧 내 어머니니라

¹⁴아순그리도와 블레곤과 허메와 바드로바와 허마와 및 그들과 함께 있는 형제들에게 문안하라 ¹⁵빌롤로고와 율리아와 또 네레오와 그의 자매와 올름바와 그들과 함께 있는 모든 성도에게 문안하라 ¹⁶너희가 거룩하게 입맞춤으로 서로 문안하라 그리스도의 모든 교회가 다 너희에게 문안하느니라

¹⁷형제들아 내가 너희를 권하노니 너희가 배운 교훈을 거슬러 분쟁을 일으키거나 거치게 하는 자들을 살피고 그들에게서 떠나라 ¹⁸이같은 자들은 우리 주 그리스도를 섬기지 아니하고 다만 자기들의 배만 섬기나니 교활한 말과 아첨하는 말로 순진한 자들의 마음을 미혹하느니라 ¹⁹너희의 순종함이 모든 사람에게 들리는지라 그러므로 내가 너희로 말미암아 기뻐하노니 너희가 선

한 데 지혜롭고 악한 데 미련하기를 원하노라 ²⁰평강의 하나님께서 속히 사탄을 너희 발 아래에서 상하게 하시리라 우리 주 예수의 은혜가 너희에게 있을지어다
²¹나의 동역자 디모데와 나의 친척 누기오와 야손과 소시바더가 너희에게 문안하느니라 ²²이 편지를 기록하는 나 더디오도 주 안에서 너희에게 문안하노라 ²³나와 온 교회를 돌보아 주는 가이오도 너희에게 문안하고 이 성의 재무관 에라스도와 형제 구아도도 너희에게 문안하느니라

당신의 한 줄 평은 무엇인가?

이 장은 마치 누군가의 책상 서랍을 열고 그 사람의 개인적 서류를 훔쳐보는 것 같다. 바울은 이제 동역자들에게 직접 인사를 건넨다. 그리고 그의 간략한 언급 뒤에는 한 번도 기록된 적 없는 수많은 영웅의 이야기와 희생뿐 아니라 기록되지 않은 드라마가 나온다. 많은 성경 학자가 이 사람들이 누구인지, 어디 출신이며 결국 어떻게 되었는지에 대해 여러 추측을 내놓았다. 그중 가장 주목할 만한 관찰을 한 사람은 윌리엄 바클레이(William Barclay)인데, 그는 이 본문에서 바울이 기록된 사람들 대부분을 한 문장으로 묘사한다고 평한다.[2] "그들은 내 목숨을 위하여 자기들의 목까지도 내놓았나니"(롬 16:4). "그리스도 안에서 인정함을 받은"(롬 16:10). "주 안에서 수고한"(롬 16:12). 만약 당신의 친구나 가족에게 당신을 한 문장으로 평해 달라고 부탁한다면 어떤 문장이 되겠는가?

더 깊은 묵상

1. 이번 장에서 나눈 기독교적 연합을 이루기 위한 세 가지 원칙을 복습하라. '소망을 가지라', '재치를 보이라', '책임에 충실하라'. 이 원칙들을 당신의 삶에 적용할 수 있는 구체적인 방법을 생각해 보라. 각 원칙에 적어도 한 가지 이상 방법을 써 보라.

2. 당신이 '믿을 수 없는', '엉성한', '개성 없는', '감정 기복 심한', '투덜대는' 등의 딱지를 붙여 놓은 사람들을 떠올려 보라. 그들을 더 긍정적인 방식으로 대할 수 있는 방법을 써 보라. 그들을 과거에 매이지 않고 미래에 변화되고 성장 가능한 잠재력을 가진 사람으로 바라보기 위해 당신이 할 수 있는 일은 무엇인가? 이번 주 매일 그 사람을 위해서 기도하고 그 사람의 인생에 성령의 열매가 맺히도록 성령님께 구하라.

3. 로마서 15장 13절을 암송하라. 잠언 14장 32절, 요한복음 3장 3절, 골로새서 1장 5절, 디도서 2장 13절, 베드로전서 1장 3절을 당신의 말로 요약하면서 성경이 소망에 대하여 무엇이라 이야기하는지 소망이라는 단어를 연구해 보라. 그리스도인들은 어디에 소망을 두는가? 소망이 그리스도인의 매일의 삶에 꼭 필요한가? 왜 그렇게 생각하는가?

4. 오늘 당신에게 어떤 한 줄 평이 달리겠는가? 한번 써 보고 잠시 기도하는 시간을 가지라. 하나님의 자녀로서 잠재력을 완전히 발휘하는 삶을 살 수 있게 도와 달라고 하나님께 구하라.

결론

절대 뒤돌아보지 말라

종교에 매이지 않은 그리스도인이 되는 법에 대한 바울의 안내서는 이제 끝을 맺는다.

'그리스도인' 그리고 '종교인'이라는 **정의**에 동의할 수도 동의하지 않을 수도 있다. 하지만 로마서는 이 둘 사이에 분명한 **차이**가 있음을 강조한다.

웹스터 사전에 따르면, 종교는 신앙과 예배의 조직적인 체계다.

그리고 그리스도인은 확실히 신앙과 예배의 조직적인 체계를 가지고 있다.

또 웹스터 사전은, 종교는 하나님께 대한 섬김과 사랑을 예배의 형식으로 나타내는 것이라고 한다.

그리스도인은 확실히 이렇게 행한다.

웹스터 사전은, 종교는 헌신과 충성, 성실, 신의 존재에 대한 인지와 확신이며, 이는 경외심과 사랑, 감사, 순종하고 헌신하려는 의지를 불러 일으킨다고 나와 있다.

그리스도인은 이 모든 것을 경험한다. 그리고 한 가지가 더 있다.

그리스도인에게는 능력이 있다.

하지만 이 능력은 우리 안에서 만들어지는 능력이 아니다. 우리는 성경이 우리 마음에 대해 주장하는 것, 곧 인간의 마음은 기만적이고, 아무리 깔끔하게 써도 자꾸만 도로 튀어나오는 지폐와 같다는 주장이 진리라는 것을 안다.

그리스도인의 능력은 우리를 초월하시는 하나님으로부터 온다. 종교는 '누군가' 혹은 '무엇인가'를 창조해 놓고 너무 크지 않게 사이즈에 맞춰 재단한다. 종교는 다루기 쉽고 주중에는 서랍 속에 처박아 놓을 수 있을 만큼 작은 사이즈의 신을 만든다. 하지만 기독교의 하나님은 그런 분이 아니시다.

기독교는 '그분께 아무리 손을 뻗어도' 닿을 수 없는 하나님에 대해 이야기한다. 기독교는 하나님께서 우리에게 손을 뻗으셨고 모든 인류를 위해 **우리의 죄책을 없애 주셨다**고 선언한다. 죽음을 제외하고, 죄책은 아마 인간의 가장 큰 적일 것이다. 죄책은 한 사람의 내면을 갉아먹고 부식시키는 산성비 같은 것으로, 겉으로 보이는 모습이 다가 아니며, 우리에게는 의로우시고 거룩하신 하나님 앞에 설 수 있는 자격이 없다는 사실을 아는 본능적인 지식이다.

다양한 종교, 이단, 종파의 교리를 서술한 두꺼운 책들을 한번 뒤져 보라. 이들 중 그 어떤 것도 죄와 죄책에 대한 해답이 있다고 주장하지 못한다. 많은 집단은 죄책이 있다는 것 자체를 인정하지 않음으로 그 문제를 회피한다. 이에 대해 당신은 결정해야 할 것이다. 전쟁, 인종 차별, 대량 살상 그리고 수천 명을 죽인 9.11 테러와 같은 비현실적인 무모함을 기록한 역사의 페이지, 특히 최근 역사 등의 증거를 고려해야 할 것이다. 아니면 신문만 펼쳐 봐도 살인, 강간, 강도와 같은 수많은 범죄가 매일 보도된다. 여전히 인간에게 죄가 있다는 사실이 납득이 되지 않는다면, 당신 자신의 경험, 삶이라는 게임에서 당신이 얻은 점수를 솔직하게 평가해 보라.

이 모든 것은 우리에게 이미 잘 알려진 한 가지 사실을 상기시킨다. 우리 모두가 자기기만과 거짓에 빠져 있고, 경악할 만한 속임수와 잔인함을 보일 수 있는 잠재력을 가지고 있다는 것이다.

누구는 살인을 저지르거나 자살을 한다. 또 누구는 마약을 하고, 낙태를 하거나 친구를 배신하기도 한다. 우리는 충격을 받는다. '아무개'와 같이 괜찮은 사람이 **그런 짓**을 저지를 수 있을 것이라 생각도 못한다. 하지만 우리는 모두 그런 짓을 저지를 수 있다. 우리는 모두 하나님의 영광에 이르지 못하는 죄인이기 때문이다.

기독교는 죄와 죄책에 대한 근본적인 문제를 솔직하게 다룬다. 또한 기독교는 살아 계신 하나님께서 인간의 역사 속으로 들어오셨다고 말한다. 성경은 분명하게 하나님께서 인간의 몸으로 오셨다고 가르친다. 그분은 기회를 얻지 못하고 오해받은 떠돌이 설교자가 아닌, 모든 죄의 대가를 지불하기 위한 하나님의 희생 제물로 죽으셨다. 이게 다가 아니다. 성경은 그리스도께서 죽음에서 다시 사셨다고 분명하게 진술한다. 그분의 제자들은 유령이 아닌, 그렇다고 그들의 상상이 만들어 낸 허상도 아닌, 만질 수 있고 심지어 음식까지 드실 수 있는 예수님의 부활하신 몸을 보았다.

이 모든 것이 진리다('신화'가 아니다.). 그렇지 않다면 기독교는 역사상 최고의 사기 집단이 되어 '위대한 종교'라고 불릴 자격조차 없을 것이다. 그리고 기독교가 단순한 종교에 불과하다면, 신약은 인쇄된 종이 값도 못하게 될 것이다.

그리고 그중에서도 가장 이상한 일은 하나님께서 우리에게 우리가 원하는 대로 그분을 대할 수 있는 자유를 주셨다는 점이다. 하나님께서 역사 속에 들어오신 것은 맞지만, 우리를 억지로 끌고 가지 않으셨다. 마구간은 대관식에 어울리지 않는 장소였고, 십자가 역시 작별 인사를 고하기에는 적합한 무대가 아니었다.

그래서 당신이 원한다면 기독교를 종교의 범주에 계속해서 둘 수 있다. 기독교가 주장하는 놀라운 것들을 믿지 않기로 결정할 수 있다. 그저 그리스 신화와 같은 오래된 전설로 분류할 수 있다. 불교나 힌두교의 현실 도피주의로 단정할 수 있다. 아니면 인심을 후하게 써서 도교나 유교의 지혜로운 가르침으로 가득하다고 말할 수도 있다.

당신이 어떻게 믿지 않으려고 버티는지는 상관이 없다. 결과는 언제나 같다. 당신은 당신 운명의 책임자로 남는다. 당신은 자신이 다룰 수 있고 자신을 불편하게 하지 않은 정도로 하나님을 편한 사이즈로 깎아낸다. 당신은 당신이 만든 신의 복제품, 즉 당신 자신을 예배하고 있는 것이다. 당신은 하나님께 "나는 어떤 도움도 필요 없어요."라고 말하고 있고, 그래서 결국 아무 도움도 받지 못한다.

기독교를 종교로 격하하는 또 다른 방식이 있다. 이것은 내부에서 일어난다. 이 경우에 당신은 복음을 거부하는 대신 복음을 받아들인다. 그리고 '구원받는다'. 교회에 등록하고 매 주일 예배에 참석하면서 구원받은 사람들과 교제를 나눈다.

하지만 당신은 하나님의 은혜를 믿는다고 고백하면서 실제로는 그리스도인이 되는 것을 종교적인 것과 혼합한다. 따뜻하고 영적인 어조로 말하지만 여전히 하나님과의 관계가 당신이 얼마나 규칙과 율법을 잘 지키는지에 달렸다고 생각한다. 한마디로 말하자면, 당신이 얼마나 잘 해내는지, 얼마나 높게 손을 뻗는지에 달려 있다는 것이다.

많은 그리스도인이 그리스도인의 삶을 장대높이뛰기 선수가 6미터 장벽을 보듯이 바라본다.[1] 그는 자신의 방식으로 더 높이 뛰기 위해 노력한다. 즉 기도문을 완벽히 숙지하고, 적절하게 써먹을 수 있는 상투적인 문구들을 암기하고, 알맞은 심리적 순간에 제일 좋아하는 성경 본문을 인용하는 법을 배운다. 그는 계속해서 가장 탄성이 좋을 것 같은 장대를 찾으려 애쓴다. 다시 말해 항상 자신이 동일시할 수 있는 새로운 영적 거장을 찾아다니고, 그 거장의 영성이 자신에게 영향을 미치기를 바란다. 당연히 다른 뛰어난 장대높이뛰기 선수같이, 그는 성실하게 연습하고 모든 모임과 봉사에 참여하며 옆자리에 앉아 있는 사람만큼 영적으로 보이려고 애쓴다. 하지만 속으로 6미터는 어림도 없다고 느낀다. 여전히 기독교를 '선하게 되는 것'과 동일시하고, 그만큼 선해지기에 자신은 언제나 부족하다고 느낀다.

어떤 면에서는 이런 부류의 그리스도인들이 생각하는 것이 옳다. 확실히 그는 '부족하다'. 그리고 이런 방식으로 계속 간다면 절대 선해질 수 없다. 잠시 장대높이뛰기 비유로 돌아가 보면, 가로대는 그냥 6미터 높이에 있는 것이 아니다. 실상은 300미터 높이에 걸려 있고, 모든 장대는 이쑤시개에 불과하다. 그리스도인이 되는 것은 항상 정답을 맞히거나 여름성경학교에서 높은 점수를 받고 영적 공로 배지를 받는 그런 차원의 문제가 아니다.

그리스도인이 되는 것은 예수 그리스도를 향한 개인의 믿음과 헌신의 문제다.

맞다, 당신은 이 말을 전에도 **들어 본 적**이 있을 것이다. 하지만 이에 대해 진심으로 **생각해 본 적** 있는가? 베드로가 어떻게 물 위를 걸으려고 했는지 기억하는가(마 14:22-32)? 잘 걷다가 그리스도께로부터 눈을 떼고 뒤를 돌아본 순간, 넘실대는 파도에 겁을 먹고 가라앉기 시작했고 결국 예수님께 부르짖었다. "주여 나를 구원하소서"(마 14:30). 이 장면은 우리가 일상적으로 하는 선택이 그리스도인이 되든지 종교인이 되든지 둘 중 하나의 결과로 이어진다는 것을 완벽하게 보여 준다. 우리는 그리스도께 인격적으로 헌신하고 그분을 신뢰하며 살 수도 있고, 뒤를 돌아보고 그분을 잊어버려서 결국 물에 가라앉을 수도 있다.

대부분의 삶이 그렇듯, 완전하게 '이것 아니면 저것'으로 규정할 수 있는 문제가 아니다. 우리 중 대부분은 완전히 가라앉지 않지만, 그렇다고 항상 파도 위를 타고 넘지도 못한다. 많은 경우, 우리는 삶의 물살을 간신히 헤치며 걸어간다. 환경과 고집 그리고 좌절에 무릎, 허리, 혹은 목까지 잠긴 채 말이다.

다른 말로 표현하자면, 우리 그리스도인들은 치료 불가능할 정도로 종교적이고, 끊임없이 종교적으로 번영하고 싶어 하며, 규칙에 따라 살면서 모든 것에 자기 노력의 흔적을 남기고 싶은 유혹에 빠진다.

하지만 하나님께서는 우리의 노력이 필요 없으시다. 그분은 **우리를** 원하시고, 노력은 그분께서 하신다.

도움이 될 만한 한 가지는 기독교는 완벽한 상태가 아님을 기억하는 것이다. 로마서에서 바울은 어떻게 죄의 권세를 이길 수 있는지는 알려 주지만, 어떻게 하면 완벽하게 될 수 있는지는 가르쳐 주지 않는다. 바울은 그리스도인이 되는 것이 종착지가 아님을 알고 있었다. 그리스도인은 아직 종점에 '도착하지' 않았다. 기독교는 걸음이자, 삶의 방식이자, 성숙의 과정이다.

로마서의 정수인 8장으로 돌아가 다시 읽어 보라. 그리스도인은 그리스도의 사랑에서 끊어질 수 없다. 그리스도인은 승리할 수 있다. **성령님을 따를 때** 그리스도인의 삶은 실제로 역사한다.

종교에 매이지 않은 그리스도인이 되는 것의 의미를 한마디로 요약하려면, 로마서 8장 5절을 암송하라. "육신을 따르는 자는 육신의 일을, 영을 따르는 자는 영의 일을 생각하나니."

우리가 성령님을 기쁘시게 하면, 그것은 곧 **우리 자신을 기쁘게 하는 것이다**.

이것이 항상 쉬운 일은 아니다. 저절로 일어나는 일도 아니다. 그리스도인의 삶은 성장하고 변화한다. 성장과 변화는 많은 경우 고통스럽고, 또 모든 사람이 같은 속도로 성장하지도 않는다. 하지만 그리스도인은 성장하면서 그들의 종교적 가면과 하나님에 대한 초등 학문 같은 관념을 벗어 버릴 수 있다. 그리고 바울이 로마서 마지막에 보여 주는 소망과 신뢰의 태도를 덧입는다.

그리스도인은 믿음과 순종으로 전능하신 하나님께 헌신한다. 그리고 자기 안에 거하시는 성령님을 통해 그리스도와 접촉한다. 그리스도인은 주님과 대화를 나눈다. 상대적으로 하나님과 어색한 사람들은 한 달에 한 번, 일주일에 한 번, 심지어 하루에 한 번도 기도하지 않는다.

당신은 두 사람이 진정으로 소통할 때 그 둘이 서로를 진심으로 알고 있는지 알 수 있다. 그들은 여유 있고 분위기가 편안하다. 딱딱하거나 답답하지 않고 존경과 신뢰, 사랑이 넘친다.

만약 당신이 종교적 껍데기를 벗겨 내고 싶은 그리스도인이라면 생명을 주시는 성령님의 능력, 그리스도를 통해 당신의 것이 된 능력, 죄와 죽음의 악순환에서 당신을 해방한 능력에 힘입어 이런 관계를 구해야 한다(롬 8:2). 그리스도인의 삶을 살다 보면 넘어질 때도 있다. 실패할 수도 있고 약간 가라앉을 때도 있다. 그럼에도 언제나 당신의 목표는 종교를 따르는 것이 되면 안 된다. 당신은 자신을 초월한 곳으로부터 오는 소망, 능력 그리고 잠재력을 가지고 있다. 당신은 성장하고, 변화하며, 하나님께서 의도하신 모습이 되어 가고 있다. 당신은 계속해서 살아 계신 하나님을 신뢰하고, 하나님의 음성을 듣고 하나님을 영화롭게 하는 법을 배우게 될 것이다.

그러니 절대 뒤돌아보지 말라.

로마서 16장 25-27절

25나의 복음과 예수 그리스도를 전파함은 영세 전부터 감추어졌다가 26이제는 나타내신 바 되었으며 영원하신 하나님의 명을 따라 선지자들의 글로 말미암아 모든 민족이 믿어 순종하게 하시려고 알게 하신 바 그 신비의 계시를 따라 된 것이니 이 복음으로 너희를 능히 견고하게 하실 27지혜로우신 하나님께 예수 그리스도로 말미암아 영광이 세세무궁하도록 있을지어다 아멘

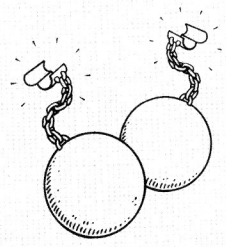

주

1장

1. David Block, "For Heaven's Sake: A Jewish Astronomer's Odyssey," *Issues 7:8*, 2001. http://www.jfjonline.org/pub/issues/07-08/ heavenssake.htm, 2001년 11월 27일 접속.
2. 휴 로스에 대한 전기적 정보를 찾고 싶으면 그의 웹사이트 http://www.reasons.org/about/staff/ross/html에 들어가 보라.
3. Hugh Ross, "Astronomical Evidences for the God of the Bible," *Reasons to Believe*, 2001. http://reasons.org/resources/papers/astroevid.html, 2001년 11월 27일 접속.
4. B. K. Kuiper, *The Church in History*(Grand Rapids, MI: Wm. B. Eerdmans Publishing Co.), p. 162.
5. Justo Gonzalez, *The Story of Christianity*(Peabody, MA: Prince Press, 1984), vol. 2, pp. 16-17 ; 후스토 L. 곤잘레스, 『현대교회사』, 엄성옥 역, 은성출판사.
6. 위의 책, p. 19.
7. 마르틴 루터에 대해 더 자세히 알고 싶다면, 롤런드 베인턴(Roland Bainton)의 저서, 『마르틴 루터의 생애』(*Here I Stand*)(생명의 말씀사)을 읽어 보라.

2장

1. KJV 번역에서 로마서 2장 24절과 이사야 52장 5절을 비교해 보라. 두 본문 모두 종교적 위선으로 인해 하나님의 이름이 욕을 먹고 있음에 대해 말한다.

3장

1. Ann Hogedorn Auerbach, *Ransom: The Untold Story of International Kidnapping* (New York: Henry Holt and Company), p. 481.
2. Auerbach, "We Have Your CEO. Hand Over $50 Million," *BusinessWeek*, 1998년 8월 10일, http://www.businessweek.com/1998/32/b3590042.htm, 2001년 11월 27일 접속.
3. KJV 번역으로 로마서 4장 1-5절과 창세기 15장 6절을 읽어 보라. 로마서 4장 3절은 창세기 15장 6절을 인용한 것으로 아브라함의 믿음을 "그의 의로 여기셨다"라는 설명에 주목하라.
4. 우주 비행사 닐 암스트롱(Neil Armstrong)의 역사적인 말은 1969년 7월 20일 실황으로 방송되었다. 아폴로 11호 미션은 최초로 달에 성공적으로 착륙한 미션이었다.

4장

1. "Quarterback Kurt Warner Plans to Use Fame for Evangelism," *Maranatha Christian Journal*, 2001년 11월 29일, http://www.mcjonline.com/news/00/20000204a.htm, 2001년 11월 29일 접속.
2. Dr. Richard C. Halverson, *Perspective*, n.p.
3. 웨인 그루뎀(Wayne Grudem)의 *Systematic Theology*(Grand Rapids, MI: Zondervan Publishing House), pp. 494-496과 존 스토트(John Stott)의 *Romans: God's Good News for the World*(Downers Grove, IL: InterVarsity Press), pp. 149-154를 참고하라. 스토트가 지적하듯, 어떤 신학자들은 아담을 따르는 우리 모두가 그의 본을 따르고 있음을 강조한다. 또 다른 학자들은 우리가 아담으로부터 물려받은 타락한 본성에 주목한다. 스토트는 이러한 견해들이 갖는 부분적인 진리를 인정하면서도, 로마서 5장 12-21절의 주요한 의미는 아담이 전 인류의 대표였기 때문에 우리 모두는 아담 안에서, 아담을 통해서 죄를 지었다는 것이라고 믿었다.

5장

1. Lawrence O. Richards, *Expository Dictionary of Bible Words*(Grand Rapids, MI: Zondervan Publishing House, 1985), p. 543.
2. 위의 책, p. 542과 에버렛 F. 해리슨(Everett F. Harrison)이 편집한 *Baker's Dictionary of Theology* (Grand Rapids, MI: Baker Book House, 1960), pp. 470-471도 참고하라.

6장

1. Nicole Johnson, "Reign Without Crown," Christianity.com, 2001. http://www.christianity.com/CC/article/0,,PTID1000|CHID74|CIID142201,00.html, 2001년 11월 27일 접속.

7장

1. Ralph Carmichael, "We Are More Than Conquerors" (Waco, TX: Bud John Songs, Inc., 1985).

9장

1. Francis Thompson, *The Hound of Heaven*(Harrisburg, PA: Morehouse Publishing), n.p.
2. Alan Redpath, *Getting to Know the Will of God*(Downers Grove, IL: InterVarsity Press), p. 1.
3. 위의 책, p.12.

11장

1. 이 시기의 교회에 대한 정보를 찾을 수 있는 가장 좋은 자료로 윌리엄 바클레이(William Barclay)의 *The Letter to the Romans*(Louisville, KY: Westminster John Knox Press)를 참고하라.

12장

1. Charles B. Williams, trans., *The New Testament: A Private Translation in the*

Language of the People(Chicago: Moody Press), p. 217.

13장

1. 바울 자신도 많은 상황에서 이렇게 행했다. 사도행전 16장 16-40절, 22장 23-29절, 26장 19-32절을 보라. 고린도전후서도 참조하라.

14장

1. 바울은 자유의 몸으로 예루살렘을 떠나지 않았다. 유대인들은 그를 죽이려 했고 로마인에게 체포되면서 구해졌다. 결국 그는 감시를 받으며 로마로 이송되었고 카이사르의 명으로 순교했다.
2. 이 인물들에 대해 더 많은 정보를 얻고 싶다면 윌리엄 바클레이(William Barclay)의 *The Letter to the Romans*(Louisville, KY: Westminster John Knox Press)를 참고하라.

결론

1. 2002년 2월을 기준으로, 6.14미터를 성공한 유일한 사람은 세르게이 붑카(Sergey Bubka)였고, 그것도 10번째 시도만에 해낸 결과였다. 우크라이나 출신의 붑카는 1993년에 6.15미터로 실내 장대높이뛰기 세계 신기록을 달성했다. 그리고 1994년 6.14미터로 실외 기록도 가지고 있다. 팀 풋맨(Tim Footman)이 편집한 *Guiness World Records 2001* (New York: Bantam Books, 2001), p. 354에서 발췌한 정보다.

사명선언문

너희가 흠이 없고 순전하여……세상에서 그들 가운데 빛들로
나타내며 생명의 말씀을 밝혀 _ 빌 2:15-16

1. 생명을 담겠습니다
만드는 책에 주님 주신 생명을 담겠습니다.
그 책으로 복음을 선포하겠습니다.

2. 말씀을 밝히겠습니다
생명의 근본은 말씀입니다.
말씀을 밝혀 성도와 교회의 성장을 돕겠습니다.

3. 빛이 되겠습니다
시대와 영혼의 어두움을 밝혀 주님 앞으로 이끄는
빛이 되는 책을 만들겠습니다.

4. 순전히 행하겠습니다
책을 만들고 전하는 일과 경영하는 일에 부끄러움이 없는
정직함으로 행하겠습니다.

5. 끝까지 전파하겠습니다
모든 사람에게, 땅 끝까지, 주님 오시는 그날까지
복음을 전하는 사명을 다하겠습니다.

서점 안내

광화문점 서울시 종로구 새문안로 69 구세군회관 1층
02)737-2288 / 02)737-4623(F)

강남점 서울시 서초구 신반포로 177 반포쇼핑타운 3동 2층
02)595-1211 / 02)595-3549(F)

구로점 서울시 동작구 시흥대로 602, 3층 302호
02)858-8744 / 02)838-0653(F)

노원점 서울시 노원구 동일로 1366 삼봉빌딩 지하 1층
02)938-7979 / 02)3391-6169(F)

일산점 경기도 고양시 일산서구 중앙로 1391 레이크타운 지하 1층
031)916-8787 / 031)916-8788(F)

의정부점 경기도 의정부시 청사로47번길 12 성산타워 3층
031)845-0600 / 031)852-6930(F)

인터넷서점 www.lifebook.co.kr